Hermann Massenbach

Amberg und Würzburg 1796

Ein Säkular-Beitrag zur Kriegsgeschichte

Hermann Massenbach

Amberg und Würzburg 1796
Ein Säkular-Beitrag zur Kriegsgeschichte

ISBN/EAN: 9783743683778

Hergestellt in Europa, USA, Kanada, Australien, Japan

Cover: Foto ©ninafisch / pixelio.de

Weitere Bücher finden Sie auf **www.hansebooks.com**

Amberg und Würzburg

1796.

Ein Säkular-Beitrag zur Kriegsgeschichte.

Von

Freiherr Hermann von Massenbach

Oberstlieutenant und etatsmäßiger Stabsoffizier im K. Bayerischen
9. Infanterie-Regiment Wrede.

München

Theodor Ackermann
Königlicher Hof-Buchhändler.
1896.

.

Inhalts-Übersicht.

— —

Einleitung.

Den Kriegsereignissen des Jahres 1796 wird stets ein besonde= res Interesse dargebracht werden. Nicht nur wegen der Eigenart und politischen Tragweite der Vorgänge, sondern vornehmlich weil auf jedem der beiden Kriegstheater ein junger Feldherr auftrat, mit seinem Namen der Welt zugleich auch seinen Ruhm bekannt machend; in Italien Napoleon, auf deutschem Boden Erzherzog Carl von Oesterreich. Allein entsprechend der verschiedenen Rolle, welche beide Feldherrn in der Weltgeschichte zu spielen berufen waren, und im Verhältnis der Summe kriegerischer Lorbeeren, die sich später noch auf beide nieder= senkte, hat sich das wissenschaftliche Interesse seither mit Vorliebe dem italienischen Feldzug zugewandt; der deutsche litt selbst bei uns unter einer gewissen Vernachlässigung. Ist dies vom militärischen Stand= punkt aus schon um deswillen zu beklagen, weil die Operationen nörd= lich der Alpen an belehrender Kraft jenen in der Po=Ebene kaum nachstehen, so entspricht es auch nicht ganz den Pflichten historischen Sinns, welche das Jahr 1796 dem Soldaten wie dem Bürger besonders in Süddeutschland nahelegt. Nicht so sehr weil es unser Boden war, auf dem gekämpft wurde und weil auch Truppen aus Gebieten mitfochten, welche heute zum deutschen Reiche gehören; denn mit Ausnahme von Kurbayern — und dessen Kontingent ist nur schwach gewesen — haben die Reichs=Stände und Kreise schon zu frühen Perioden des Feldzugs bei passender Gelegenheit ihre Truppen vom österreichischen Heere zurück= gezogen, um ihren Sonderfrieden mit Frankreich zu machen; aber der Erzherzog hat unser Land von jener ersten französischen Invasion be= freit, welche von allen nachfolgenden die furchtbarste gewesen ist, und wir haben wohl Ursache, daß wir uns dessen heute nach hundert Jahren dankbar erinnern. Dabei gesellt sich zu dem Danke für die Befrei= ung unserer Heimat noch der für die Aufzeichnung eben jener Ereignisse.

Maffenbach, Amberg u. Würzburg.   1

Derselbe Held, der die Franzosen vom vaterländischen Boden verjagte, hat uns die Geschichte des Krieges geschenkt. Wie seine Thaten vor hundert Jahren, und wieder 1799 und 1809 dem Erzherzog für alle Zeiten einen Platz unter den großen Feldherrn sichern, so wird seine „Geschichte des Feldzugs von 1796 in Deutschland" immerdar aufs Neue sein Heldentum, seine unvergängliche Bedeutung für die Wissenschaft vom Kriege, seinen erhabenen Charakter bewundern lassen. Sicher ist dies Werk auch als literarische Leistung von einer selten wieder erreichten Kraft des Geistes und der Darstellung. Es verletzt aber die Pietät gegen den erlauchten Autor nicht, wenn ausgesprochen wird, daß es den heutigen Anforderungen an die Geschichte eines Krieges nicht mehr ganz entspricht. Es müßte einen Stillstand in der Ent- wicklung der Wissenschaft vom Kriegswesen, wie von der Geschicht- schreibung bedeuten, wäre dem nicht so.

Das Werk ist 1813 erschienen. Es ist nicht allein, wie der Erzherzog in der Einleitung sagt, nur „zum Unterricht in den höheren militärischen Kenntnissen" geschrieben, es könnte auch nirgends ver- leugnen, daß es eine Erläuterung der mit ihm veröffentlichten „Grund- sätze der Strategie" zu bilden bestimmt war. So ist es zwar die ausgezeichnetste Belehrung, wie der Erzherzog eben diese Grundsätze in der Wirklichkeit des Krieges wieder erkannte und sie selber prak- tisch angewandt hatte; aber es hat dadurch auch eine ganz bestimmte wissenschaftliche Richtung, und eine gewisse Einseitigkeit und Nüchternheit erhalten, welche u. A. politische Verhältnisse und persönliche Bezieh- ungen fast völlig abseits liegen läßt, für die psychische und kulturelle Seite des Kriegs wenig Raum übrig hat. Der Beleuchtung strategi- scher Grundsätze im großen Stil dienend läßt die Darstellung auch nicht selten den zeitlichen Zusammenhang verwandter, d. h. auf den gleichen Endzweck bezüglicher Ereignisse undurchsichtig, und gar manche Vorgänge der Aufhellung bedürftig. Vor allem aber liefert uns das Werk wohl eine treffliche Schilderung von dem, was geschah, nicht aber im wünschenswerten Maße Aufklärung darüber, wie es zu Wege gebracht wurde. Namentlich der Mechanismus der Heeresleitung, die Befehlsgebung, die eigentliche Thätigkeit des Feldherrn, der höheren Führer und Stäbe ist in viel zu geringem Maße zum Ausdruck ge- bracht, als daß die heutige Art der historischen Festlegung und des Studiums kriegerischer Vorgänge sich befriedigt fühlen könnte. In

dieſer Hinſicht wurzelt das Werk zu ſehr in damaligen, von den
unſrigen ſo weit entfernten Zuſtänden in Organiſation und Lebens=
äußerung der höheren Truppenführung. Endlich hat der Erzherzog
nach mangelhaften Quellen, vermutlich nicht viel mehr als Zeitungs=
berichten und dergl.[1]) von gegneriſcher Seite gearbeitet. Viele Vor=
gänge bei den Franzoſen, die leitenden Gedanken und Auffaſſungen
ihrer beiden Feldherren waren ihm nur unvollkommen bekannt. Jour=
dan hat ſich erſt, nachdem ihm durch Jomini's Überſetzung 1818
das Werk des Erzherzogs bekannt geworden war, vernehmen laſſen,
und ſeine Memoiren, im Großen und Ganzen eine Entgegnungs= oder
Rechtfertigungsſchrift, bieten ein unentbehrliches, und um ſo wertvolleres
Gegenſtück zu dieſem, als ſie, was beim Erzherzog durchaus nicht der
Fall, Dokumente zur Geſchichte des Feldzugs und Operationsbefehle
im Original mitteilen[2]). Auch die Memoiren von Gouvion St. Cyr
und andere ähnliche Aufzeichnungen von franzöſiſcher Seite ſind erſt
nach dem Werk des Erzherzogs entſtanden[3]).

Die öſterreichiſche militäriſche Zeitſchrift, vom Erzherzog ins
Leben gerufen, hat mit Rückſicht auf deſſen Werk keine Geſamtſchil=
derung des Feldzugs 1796 veranſtaltet[4]); ſie lieferte nur bruchſtück=

---

[1]) Wiener Zeitung und Moniteur universel. Dann die im Folgenden ge=
legentlich angeführten, nicht als Quelle aber als Stimmungsbild noch heute wert=
vollen europäiſchen Annalen von Poſſelt, Tübingen, deren Kriegsberichte vom
Jahre 1796 — hier iſt das Oktoberheft einſchlägig — teilweiſe auch als Sonder=
drucke erſchienen ſind.

[2]) „Mémoires pour servir à l'histoire de la campagne de 1796. Paris
1818." Deutſch: „Bachoven v. Echt, Denkwürdigkeiten der Geſchichte des Feld=
zugs von 1796. Coblenz 1823."

[3]) Hievon macht die „Correspondance du général Grenier" eine Aus=
nahme; ſie erſchien 1801, reicht aber nur bis zum 22. Auguſt 1796.

[4]) Dies iſt im Jahrgang 1836 Heft 3 beſonders bemerkt und aus gleichem
Grund auch für den Feldzug 1799 nicht geſchehen.

Dagegen enthält Jahrgang 1845 die Periode der Schlacht von Nereſheim,
und daran anknüpfend (ab 11. Auguſt) Jahrgang 1847 einen Abſchnitt „die Schlacht
bei Amberg."

Eine ſehr minderwertige Geſamtdarſtellung des Feldzugs 1796 findet ſich
in der „Zeitſchrift für Kunſt, Wiſſenſchaft und Geſchichte des Kriegs", Jahrgänge
1826—28. Das bayer. „Archiv für Offiziere aller Waffen", München, 5. Jahrgang
(1848) brachte eine Schilderung der Schlacht bei Würzburg; ſie iſt keineswegs ein=
wandfrei.

weiſe Beiträge nach den Kriegsakten. Aber der Erzherzog ſelbſt gab
uns noch eine willkommene Ergänzung ſeines Werkes von 1813 in der
erſt kürzlich zum erſtenmal vollſtändig veröffentlichten „Geſchichte des
erſten Kriegs der franzöſiſchen Revolution 1792—1797[1]). In
knapper, meiſterhafter Darſtellung aus den dreißiger Jahren erſcheinen
uns hier für 1796 die großen Züge der Handlung in jener abge=
klärten, durchgeiſtigten Auffaſſung, in welcher der Erzherzog als ihr
Urheber und doch gewiſſermaßen ſchon aus der zeitlichen Ferne der
Geſchichte ihr Allerweſentlichſtes verſtanden wiſſen wollte. In dem,
was dieſe Schilderung bringt und in dem, was ſie übergeht, liefert
ſie eine wertvolle Beleuchtung mancher Begebenheiten; aber ſie vermag
dem Werk von 1813 nicht als Erſatz zu dienen.

Auch die neueſte Veröffentlichung über das Jahr 1796 kann dies
nicht: „Angeli, Erzherzog Carl von Öſterreich als Feldherr
und Heeres=Organiſator"[2]). Sie leitet ein Geſchichtswerk ein,
welches „Leben und Wirken des Erzherzogs als Feldherr, Staatsmann
und geiſtvoller Schriftſteller auf Baſis ſtrengſter Authenticität umfaſſen
ſoll" und bringt hiezu zunächſt das Jahr 1796 als Anfang „einer
Sammlung in ſich abgeſchloſſener Darſtellungen der einzelnen Feld=
züge." Angeli iſt das geſamte Material an Kriegs= und Staatsakten
der Wiener Archive zur Verfügung geſtanden, und ſein Werk bereichert

---

Der in vorliegender Arbeit behandelte Abſchnitt des Feldzugs iſt auch dar=
geſtellt in: „Schneidawind Dr., Carl Erzherzog von Oeſterreich rettet Franken
u. ſ. w. Aſchaffenburg 1835". Dieſe Schrift iſt indeſſen nichts anderes als eine
wörtliche Aneinanderfügung von Auszügen aus allen vor 1835 erſchienenen Schriften
und einigem ungedrucktem Material; ohne alle Sichtung und ohne jedes Sachver=
ſtändnis, wiſſenſchaftlich wertlos.

Es iſt hier abgeſehen von den zahlreichen Sammelwerken über die Kriege
der franz. Republik und Napoleon's, wovon die deutſchen mit Ausnahme des
vorzüglichſten unter ihnen: „Geſchichte der Kriege in Europa ſeit dem Jahre 1792
u. ſ. w." (Schütz und Schulz) übrigens nur Wiedergaben aus dem Werk des
Erzherzogs bringen.

[1]) „Ausgewählte Schriften weiland S. K. H. des Erzherzogs Carl von
Oeſterreich. Im Auftrag ſeiner Söhne, der Herren Erzherzöge Albrecht und
Wilhelm. Wien 1893—94." 4. Band.

[2]) „Im Auftrag ſeiner Söhne, der Herren Erzherzöge Albrecht u. Wilhelm,
dann ſeiner Enkel, der Herren Erzherzöge Friedrich und Eugen." I. Halbband.
Wien 1896.

Die folgenden Anführungen ſind aus dem Vorwort des Werkes.

daher in hohem Maße unſere Kenntnis von Thatſachen auf organi=
ſatoriſchem und operativem, namentlich aber auf militär=politiſchem
Gebiet, und hinſichtlich intimer Vorgänge in den höheren Kreiſen der
Armeen. Der Zweck des ſchönen Buches, Wahrheit und helles Licht
über die Perſon des Erzherzogs zu verbreiten, iſt erreicht. Nur größer
noch als Feldherr erſcheint er uns, nun wir ſo viel mehr als ſeither
die inneren Schwierigkeiten und Hemmniſſe aller Arten kennen, die
ſein Geiſt und ſein Wille zu überwinden hatte; ſeit wir abmeſſen
können, wie richtig es iſt, daß der Erzherzog im Leben wie in ſeinen
Schriften „ſich nur zu oft großmütig eines guten Teils ſeines Ruhmes
begab, und . . . . es vorzog, die eigene Perſon in minder hellem
Lichte erſcheinen zu laſſen, um dem großen Ganzen . . . . zu dienen."
Aber es iſt erſichtlich, daß die leitenden Geſichtspunkte des
Angeli'ſchen Werkes nicht übereinſtimmend ſein müſſen mit jenen,
welche einer neu zu ſchaffenden, durchdringenden Geſchichte, oder auch
einer neuen wiſſenſchaftlichen Betrachtung des Feldzugs von 1796
in Deutſchland zu Grunde zu liegen hätten. Der Leitſtern für ſein Werk,
der Schwerpunkt ſeiner Darſtellung iſt in der That, das ſagt ſchon
der Titel, die Perſon des Erzherzogs, nicht die Wiſſenſchaft vom Krieg.
Es thut der Trefflichkeit des Werkes keinen Eintrag, daß es dem
zweiten Geſichtspunkte weniger entgegenkommen konnte, gerade weil
es dem erſten in ſo vollendeter Weiſe gerecht wird[1]); und ſo ſehr
es die fernere wiſſenſchaftliche Beſchäftigung mit dem Kriegsjahre 1796
unterſtützt, überflüſſig gemacht hat es eine ſolche nicht. Gar manche
kriegeriſche Erſcheinung dieſes denkwürdigen Jahres geſtattet und ver=
langt eine vertiefende Betrachtung von einem Standpunkte aus, wel=
cher von dem des Angeli'ſchen Werkes weit verſchieden iſt. Sollte
aber daſſelbe in den auf Darſtellung der Feldzüge des Erzherzogs
bezüglichen Teilen noch Nachfolge finden: niemals wird irgend eine
Geſchichte dieſer Feldzüge des Erzherzogs eigene Werke hierüber ent=
behrlich machen können, wenn ſie den philoſophiſchen Geiſt derſelben
nicht vollkommen in ſich aufnimmt. Eigentlichſte deutſche Quellen=
ſchrift für den Feldzug von 1796 wird ſtets, und trotz all ſeiner
Mängel, das ſeither wiederholt in neuer Ausgabe erſchienene Werk

---

[1]) Vielleicht iſt dies neben Rückſichten auf den Umfang des Werkes auch
der Grund, warum es — leider — Correſpondenzen, Operationsbefehle u. ſ. w.
des Erzherzogs nicht im Original gibt.

dienen lassen wollen für eine Betrachtung über die Kriegführung vor hundert Jahren, wiederum zunächst auf österreichischer Seite, d. h. über die Kriegführung des Erzherzogs.

Gegenstand der Darstellung aber sind die Vorgänge in der oberen Pfalz und in Franken im letzten Drittel des August und ersten des September; eine kurze Spanne Zeit, aber die entscheidende des Feldzugs. Sie umfaßt jene in sich auf das engste zusammen= hängenden Operationen, durch welche der Erzherzog unmittelbar das heutige Bayern nördlich der Donau, und durch ihre Rückwirkung mittel= bar auch jenes südlich des Stromes vom Feinde befreit hat. Ein bayerischer Soldat kann dem hundertjährigen Gedächtnis jener Be= freiung, welche dem damals 25jährigen Erzherzog die Herzen von ganz Süddeutschland in flammender Begeisterung zugewandt hat, nicht besser huldigen.

Der Erzherzog hatte nördlich der Donau die Armee Jourdan's zu bekämpfen; die Schilderung soll daher einsetzen mit dem Tag, an welchem seine Truppen mit denen Jourdan's in engere Fühlung traten, und mit jenem Verhältnis der beiden Parteien, aus welchem die fol= genden Ereignisse sich unmittelbar entwickelten: mit dem 22. Aug. 1796. Sie verlangt vorgängig eine Festlegung der beiderseitigen Aufstellung am 21. abends, und einen kurzen Ueberblick, wie beide Parteien in dieselbe gelangt waren.

I.
Vorbemerkungen.

Lage am 21. August 1796.

Die französische Sambre = Maas = Armee unter dem Divisions=
General Jourdan war von der Rhein=Strecke Düsseldorf—Coblenz
am 28. Juni, zum zweitenmal im Jahre 1796, vorgerückt gegen die
ihr damals unter F. Z. M. Graf Wartensleben gegenüber stehende
österreichische Niederrhein=Armee[1]), und hatte diese am 10. Juli durch
das Gefecht bei Friedberg (3 Meilen nördlich von Frankfurt a/M.)
zurückgedrängt. Wartensleben ging nach Würzburg, das er am
19. Juli erreichte, am 22. wieder verließ; blieb einige Tage bei Zeil
am Main, marschierte am 1. August nach Bamberg, und nahm dann
eine Aufstellung bei Forchheim an der Regnitz. In dieser am 6. an=
gegriffen, trat er alsbald den weiteren Rückmarsch an, und zwar nicht
in der dem Erzherzog erwünschten Richtung südlich über Nürnberg,
sondern östlich nach Amberg. Dort traf er am 11. ein, und ging
nach kleineren Gefechten am 16., 17. und 18. in östlicher Richtung
weiter zurück, hinter die Naab. Hier hielt das Gros seiner Truppen
eine Aufstellung auf den Höhen des östlichen Naab=Ufers von der
Schwarzach bis Schwandorf, rittlings der Verbindungen nach Cham
oder Furth, mit Vorposten am westlichen Ufer in weitem Bogen von
Nabburg (nördlich an der Naab) über Knölling (große Straße west=
lich Schwarzenfeld), Ensdorf und Schmidmühlen an der Vils, bis
Kalmünz am Vils=Einfluß zur Naab; und mit Postierungen in
Pfreimt, Wernberg (Naab aufwärts), in Regensburg u. s. w. Am
21. und 22. indessen mußten die Vortruppen das westliche Naab=

---

[1]) Ihre Ordre de bataille weist noch Ende Juni an Kontingenten, welche
seither in die deutsche Armee übergegangen sind, auf: 1 Bataill. fürstbischöflich Bam=
berg'sche, u. 2 Esk. fürstbischöflich Würzburg'sche Truppen, dazu 4 Bataill. 2 Esk.
des fränkischen Kreises, und eine Anzahl rheinischer und mitteldeutscher Kontingente.
Die Truppen von Kurbayern, Kursachsen und des schwäbischen Kreises waren bei
der Oberrhein=Armee gestanden.

Ufer und die Posten aufwärts (nördlich) Schwarzenfeld räumen; eine kleine Abteilung blieb auf der Straße von Wernberg nach Pilsen, und ging auf ihr zurück bis Roßhaupt, schon jenseits der böhmischen Grenze. Das Gros des Corps Wartensleben befand sich am 22. August in der frontal, d. h. von Amberg her, nur schwer angreifbaren Aufstellung unmittelbar am östlichen Ufer. Nur die dicht am westlichen Ufer und unmittelbar vor der Schwarzenfelder Naab-Brücke liegende, beherrschende Dreifaltigkeits = Höhe blieb besetzt und verlieh der Aufstellung hier einige Ausgängigkeit.[1])

Der Feldzeugmeister war dem seither bei der österreichischen Oberrhein=Armee befindlichen Erzherzog Carl als dem gemeinsamen Oberfeldherrn beider österreichischen Armeen unterstellt; aber er hatte den wiederholten Weisungen des Erzherzogs, sich behufs Vereinigung beider Heere an die Donau zu ziehen, nicht entsprochen; und zwar wie der Erzherzog sagt, weil er (Wartensleben) der besseren Einsicht zu sein glaubte, daß vor allem der Zugang nach Böhmen, als einem österreichischen Land, einer unmittelbaren Deckung gegen Jourdan bedürfe, und daß dies seine Aufgabe sei. Hiezu war allerdings seine Aufstellung hinter der Raab zunächst gut geeignet.[2])

Jourdan, der Sieger von Fleurus, war denselben Weg hinter Wartensleben hergekommen, den dieser ihm zurückgehend vorzeichnete. Von Lauf (östlich Nürnberg) aus ward am 18. August die Division Bernadotte über Altdorf südöstlich in Richtung auf Regensburg vorgeschoben, zunächst nach Neumarkt; sie sollte Fühlung und Deckung gegen die Donau hin geben, unter Umständen eine Vereinigung mit der Armee Moreau's anbahnen. Jourdan selbst mit dem Gros erreichte am gleichen Tag Amberg. Hinter sich hatte er an bedeutenderen Städten und festen Plätzen gewonnen Nürnberg, Forchheim, Bamberg, Schweinfurt, Würzburg und Frankfurt. In all diesen Orten, Frankfurt ausgenommen, lagen französische Besatzungen; aber nicht insgesamt bezeichneten sie die Rückzugslinie der Armee.

---

[1]) Alle Ortsbezeichnungen sind hier in die „Karte des deutschen Reichs" übertragen; damals hieß die Höhe der Einsiedler-Berg.

[2]) Diese für den Erzherzog so schwierigen Verhältnisse, über welche er sich auch in der Geschichte des Revol.-Kriegs ziemlich scharf ausgesprochen hat, sind bei Angeli anschaulich entwickelt.

Denn von Nürnberg weg gab die große Straße über Neustadt a./Aisch und Kitzingen eine weit kürzere und unmittelbare Verbindung nach Würzburg und weiter an den Rhein, als der Weg längs Regnitz und Main über Forchheim, Bamberg und Schweinfurt; und in dieser Weise war auch die Etappenlinie von Lauf aus (13. Aug.) ein= gerichtet worden. Mainz mit Kastel, und Ehrenbreitstein waren noch in österreichischen Händen, von den Franzosen aber eingeschlossen.

Für den Augenblick, d. h. vom 18.—21. August, hatte Jourdan wohl keine andre operative Absicht, als die Offensive gegen Wartens= leben fortzusetzen; diesen, der ihm bisher stets ausgewichen, und dem er sich auch ohne Bernadotte gewachsen fühlen mochte, einmal ent= scheidend zu schlagen. In diesem Sinne sprach er sich wenigstens aus in seinem Bericht aus Sulzbach vom 19. August an das Direktorium in Paris.

Jourdan operierte unabhängig von Moreau, der mit der Rhein=Mosel=Armee die österreichische Ober=Rhein=Armee vom Rhein bis über die Brenz gedrängt, und eben, am 11. August, die Schlacht von Neresheim (4½ Meilen westlich Donauwörth) gegen den Erz= herzog gewonnen hatte. Nach dieser Schlacht war die öster= reichische Oberrhein=Armee bei Donauwörth auf das südliche Donau= Ufer übergetreten, eine Bewegung, welcher Moreau am 19., zur selben Zeit als Jourdan sich zum Vormarsch von Amberg gegen die Naab anschickte, bei Dillingen u. s. w. nachfolgte.

Ein gemeinsamer Befehlsverband für die beiden französischen Armeen auf dem Kriegsschauplatz in Deutschland bestand nicht, und konnte durch die Befehle, welche das Direktorium (d. h. Carnot) aus Paris fortlaufend an die Feldherrn erließ, nicht ersetzt werden. Aber auch die gegenseitige Verbindung und Verständigung zwischen beiden Heerführern war eine sehr mangelhafte.

Am 20. August trat Jourdan den Vormarsch gegen die Naab an. An diesem und dem folgenden Tag drängte er in leichten Gefechten die Vorposten Wartenslebens auf das östliche Ufer zurück, und setzte sich am westlichen von Grafenricht südwestlich Nabburg bis Kreith an der Amberg—Schwandorfer Straße der österreichischen Aufstellung dicht gegenüber fest, bereit sie anzugreifen. Nabburg und aufwärts (nördlich) davon Pfreimt und Wernberg hatte er den Österreichern weggenommen, und sogar eine Brigade gegen Waidhaus an der

Straße nach Roßhaupt vorgetrieben. Bernadotte blieb auf der Straße Neumarkt—Heman, mit seinem Gros bei Deining; er scheint mit der Avantgarde nicht weiter vorgedrungen zu sein, als nach Daßwang.

Erzherzog Carl war mit den Operationen des Wartensleben= schen Corps — „seines rechten Flügels" — seit dem Gefechte bei Friedberg wenig zufrieden. Sein hauptsächlichstes Bestreben ging dahin, eine Vereinigung der beiden feindlichen Armeen zu verhindern, wenn irgend möglich dagegen die der eigenen herbeizuführen. Aber gerade hierin war Graf Wartensleben durchaus nicht auf seine Ab= sichten eingegangen, und so ist der Erzherzog bald nach der Schlacht von Neresheim an die Ausführung jenes schon länger erwogenen Planes geschritten, dessen Verwirklichung die ganze Kriegslage inner= halb weniger Tage so vollständig, und im weiteren Verlauf so glück= lich für die österreichischen Waffen umgestaltet hat. Nämlich, etwa die Hälfte der bislang an der oberen Donau versammelten Streit= kräfte unter Feldzeugmeister Graf Latour am Lech Moreau gegenüber zu belassen, mit der anderen Hälfte aber Wartensleben 'zuzuziehen, da dieser nicht zu ihm kommen wollte, und vereint mit ihm über Jourdan, als den thatkräftigeren und in der allgemeinen Gruppierung der beiderseitigen Kräfte auch gefährlicheren der beiden Gegner her= zufallen. Es war dies jene schöne Operation, welche eigentlich den Feldzug entschieden, den Ruhm des Erzherzogs als Feldherr zuerst begründet hat. Eine Operation, wie sie nur ein hoher und freier Geist und eine kraftvolle Natur zur That werden lassen kann, die indessen nicht hier, sondern nur im Zusammenhang des ganzen Feld= zugs in ihrer Entstehung verfolgt und eingehender gewürdigt zu werden vermag. [1])

---

[1]) Sie spielt insofern auch in das politische Gebiet über, als der Erz= herzog durch sie Kurbayern in seiner Eigenschaft als Reichsstand der vollen Ein= wirkung und den Repressalien der französischen Rhein=Mosel-Armee aussetzen mußte.

Das neueste französische Urteil: „Ces manoeuvres ont été le véritable fondement de la réputation militaire du jeune prince, et les éloges qu'elles lui ont valus sont assurément bien mérités." (Chuquet.)

Es darf wohl auffallen, daß in einem Werke wie „J. v. H. Anleitung zum Studium der Kriegsgeschichte" beim Überblick über den Feldzug die in dieser Operation liegende ausgezeichnete Feldherrnleistung des Erzherzogs nicht mit einem Wort berührt ist.

Am 17. August ging der Erzherzog mit einer „Vorhut der Armee" unter Generalmajor Fürst Liechtenstein und nachfolgenden zwei Kolonnen, deren eine (linke) F.-M.-L. Baron Hotze, die andere er selbst führte, bei Neuburg und Ingolstadt vom südlichen wieder auf das nördliche Donau-Ufer, und erreichte am 19. Schamhaupten.¹) Hier ereilte ihn die Nachricht, daß Wartensleben zwei Tage vorher (17.) Amberg verlassen und sich hinter die Naab gezogen habe. Noch gegen Abend brach der Erzherzog wieder auf; nach beschwerlichem Marsch stand dann am 21. Liechtenstein bei Pollanten und Bachhausen, Hotze bei Berching, der Erzherzog bei Herrnried und Willenhofen (nordwestlich Hemau). Auf der Regensburger Straße war eine gesonderte Abteilung gebildet worden unter General Graf Nauendorf, und zwar aus einer Postierung Wartensleben's in Regensburg, aus den Truppen des Generals Graf O'Reilly, endlich einiger leichter Reiterei, mit welcher Nauendorf seither schon von Neumarkt aus die Division Bernadotte beobachtet hatte, bis ihn deren Vorrücken von Neumarkt weg und über Deining nach Daßwang verwies. Er hatte nunmehr auch den Anmarsch des Erzherzogs zu verschleiern, ward aber am 19. von Bernadotte's Avantgarde auch aus Daßwang vertrieben. Aufmerksam gemacht durch die nun allenthalben zahlreich auftauchende und schon gegen Nürnberg streifende österreichische Reiterei räumten die Franzosen diesen Ort dann in der Nacht zum 21. August wieder. Nauendorf rückte hierauf, neuerdings aus der Kolonne des Erzherzogs verstärkt, am 21. wieder vor, nahm in einer auf Befehl des Erzherzogs ausgeführten gewaltsamen Erkundung Bernadotte's Vorposten den Ort Batzhausen weg, drängte sie nach Deining zurück, und blieb am Abend dieses Tages in Seubersdorf.²)

---

¹)
Liechtenstein:	Hotze:	der Erzherzog:
17. 18. Denkendorf	Gaimersheim	Kösching
19. Beilngries	Dietfurt	Schamhaupten, dann Riedenburg
20. Pollanten	Beilngries	Hemau
21. { Pollanten / Bachhausen	Berching	{ Herrnried / Willenhofen

Einzelheiten über den Vormarsch, zumal die Thätigkeit der Reiterei, bietet das Liechtenstein'sche Tagebuch.

²) Unter den Truppen, welche der Erzherzog über die Donau führte, befanden sich von dem im ganzen 4 Bataill., 8 Komp. und 2 Esk. starken, vom Gen.-Major Graf Isenburg befehligten kurbayer. Kontingent zwei unter Oberst

Stärke und Einteilung der Armeen.

Graf Wartensleben hatte an der Naab 37 Bataill., 107 Esk., zusammen 25 000 Mann Infanterie und 13 000 Reiter unter sich.[1]) Der Erzherzog und Angeli geben die ordre de bataille der Nieder= rhein=Armee nur für Ende Juni; die nunmehrige wich davon jeden= falls erheblich ab.

Die vom Erzherzog nach der Oberpfalz geführten Truppen be= standen nach seiner Zusammenstellung aus den Corps der Generale:

Liechtenstein, G.=M.		4 Bataillone	16 Eskadrons
Hoße,	Feld=	6	„	11	„
Sztarray,	Marschall=	15	„	—	„
Riesch,	Lieutenants	—	„	23	„
O'Reilly, G.=M.		3	„	6	„

Diese 28 Bataillone, 56 Eskadronen stellten rund 28 000 Mann dar, darunter etwas über 20 000 an Infanterie; Wartensleben und der Erzherzog zusammen verfügten mithin über 65 Bataillone, 163 Eskadrons, rund 66 000 Mann. Für die Streitkräfte des Erzherzogs ist in dessen Werk und bei Angeli die Untereinteilung nach Regi=

Frhr. von Bartels stehende Bataillone, 2. Feldjäger=Bataill. und 1. Bataill. 6. Füsilierregiments Pfalzgraf Pius von Birkenfeld. Am 13. Juli hatten sie die Festung Philippsburg verlassen und waren in der Gegend von Heilbronn zur Oberrhein=Armee gestoßen. Zuerst unter Gen.=Major Frhr. von Canisius, traten die beiden Bataillone am 28. Juli bei Backnang zur Kavall.=Brigade des Fürsten Liechtenstein, und blieben bei dieser zunächst bis 5. August. In diesem Verhält= nis hatte das 2. Feldjäger=Bataill. am 2. August bei Aalen gefochten, das Füsi= lier=Bataill. dann am 3. bei Ebnet. Belobungsschreiben des Fürsten an Oberst v. Bartels, Wallerstein, 5. August, über das Verhalten der Bataillone am 2. und 3. Für den 11. August (Schlacht bei Neresheim) waren beide Bataill. wiederum bei der Kolonne Liechtenstein eingeteilt; das Jägerbataill. hatte an diesem Tage ernsten Verlust, 87 Mann; 1 Kapitain, dieser schwer verwundet, 2 Lieutenants und 1 Chirurg waren in Gefangenschaft geraten. (Kriegsarchiv München und Liechtenstein Tagebuch.)

[1]) Angeli, Standesausweis vom 14. August. Angeli führt alle Verbände nach ihrer organischen Zusammensetzung aus geschlossenen Bataillonen und ein= zelnen Kompagnien an; die letzteren oft in großer Anzahl. Hier z. B. lautet seine Angabe: 25 Bataill. und 71 Kompagnien. Diese Kompagnien sind aber hier — wie dies auch im Werk des Erzherzogs der Fall ist — überall mit je 6 auf Bataillone gerundet.

Der Erzherzog gibt Wartensleben zu dieser Zeit mit 39 Bataill. 105 Esk. an, zusammen 34 000 Mann.

mentern u. s. w. niedergelegt. Nach dem ersteren bestanden damals
z. B. Liechtenstein's Truppen aus einer Kavallerie=Brigade zu 4
Regimentern von 2—6 Esk., welcher einzelne Bataillone, eigentlich
Kompagnien, zugeteilt waren; sie sollten ständig, und zwar sie allein
oder vorzugsweise, Vorhut und Vorposten für das ganze Heer bilden,
und zwar, wie wir auch bereits bemerkten, unter Umständen selbst
dann, wenn dieses in zwei Kolonnen marschierte. Hotze zählte
2 Infanterie= und 1 Kavallerie=Brigade. Bei Sztarray waren in
4 Brigaden u. A. alle 8 Grenadierbataillone, bei Riesch in 2 Bri=
gaden alle Kürassier=Regimenter der Heeresabteilung vereinigt[1]).

Für die Organisation und Bewaffnung, die Kampfweise und
Gefechtstaktik der damaligen österreichischen Armee gibt Angeli einen
trefflichen Überblick. Hier soll nur hervorgehoben sein, daß die ge=
samte Ordre de bataille bei den Österreichern damals noch etwas
ganz flüssiges war, häufig und aus den verschiedensten Gründen
wechselnd, nicht auf bleibenden, den Bedürfnissen des Gefechts abge=
nommenen Grundsätzen beruhend. Sie war nichts als eine nach Bedarf
oder Gelegenheit in den unteren Verbänden wie in den obersten ge=
schaffene und geänderte, rein äußerliche Zusammenfügung von Fuß=
und Reitertruppen, und war überkommen aus der Einteilung nach
Flügeln und Mitte, oder Vorhut, Treffen, Reserve eines nach den
Grundsätzen der Lineartaktik rangierten „corps de bataille", in dem
Truppen wie Generale nach dem Range vom rechten Flügel ab auf=
gestellt waren. Daß man die Truppenverbände noch nicht in unsrem
heutigen Sinn als etwas aus inneren taktischen Gesetzen Erwachsenes,
und daher mit Vorteil im allgemeinen Unabänderliches verstand, und
ihnen wenig Bedeutung beimaß, zeigt jeder Blick in ein zeitgenössisches
Buch, auch in das Werk des Erzherzogs. Auch die Bezeichnung
„Brigade" betraf z. B. nicht einen bleibend geschaffenen Truppen=
körper. Der große Wert stätiger Befehlsbeziehungen der Führer zu
einander war noch unbekannt; vor jeder größeren Marschbewegung,
oft auch vor jeder Schlacht, mußten neue Befehlsverhältnisse, neue

---

[1]) Angeli gibt eine andere Einteilung der Truppen des Erzherzogs, nach
Vorhut (Liechtenstein), zwei Treffen (Sztarray, Riesch und Riese), Reserve (Hotze).
Bei Sztarray waren die kurbayerischen Truppen. Zu Beginn des Feldzugs
waren die österr. Linien=Batail. (6 Komp.) im Durchschnitt zu 740 Mann, die
Eskadronen, deren 6—10 ein Regiment bildeten, zu 160 Pferden anzunehmen.
Der Sollstand der Bataillone war 924, bei den Grenadieren 960 Mann.

Kommandostellen geschaffen werden. Die eigentliche Infanterie focht noch vollkommen lineartaktisch; das sogenannte „zerstreute Gefecht" war noch ausschließlich Sache der „leichten" Truppen, d. h. der Grenz= bataillone und Freikorps. Von Artillerie ist beim Erzherzog in keiner Ordre de bataille, in keiner Truppen=Einteilung die Rede; diese Waffe war noch zu keiner taktischen Selbständigkeit gelangt; nur spär= lich wird ihrer in den Schilderungen der Gefechte gedacht; am häu= figsten noch da, wo sie als Impediment empfunden wurde, d. h. die Märsche erschwerte und verzögerte. Im allgemeinen darf man an= nehmen, daß sich, abgesehen von der sogenannten Reserve=Artillerie der Armee bez. einzelner Korps, welche aus Kanonen und Haubitzen der verschiedensten Kaliber, ohne bleibende Einteilung in Batterien bestand, bei jedem Infanterie=Bataillon zwei Sechspfünder als Regiments= stücke dauernd eingeteilt befanden. In Verbänden, welchen man besondere Beweglichkeit bewahren wollte, ließ man die Regimentsstücke der Infanterie auch weg; dies scheint hier der Fall gewesen zu sein bei Liechtenstein, welcher dafür eine von einem Lieutenant geführte Kavallerie=Batterie besaß[1]).

Organisation und Dienst des Generalstabs waren so wenig zu praktischer Nützlichkeit entwickelt, daß der Erzherzog nicht einmal den Namen auch nur seiner eigenen Gehilfen in der Heeresleitung nennt. Sie waren F.=M.=L. Graf Bellegarde als Adlatus, und zu jener Zeit Generalmajor Schmidt als General=Quartiermeister.

Im Gegensatz zu den österreichischen Verhältnissen war die Ordre de bataille bei den Franzosen sehr viel weiter in der Entwicklung vorgeschritten. Sie operierten mit Divisionen aus allen Waffen, welche unter Napoleon zunächst zwar wieder verschwanden, aber durch= aus das Vorbild der heutigen Infanterie=Divisionen sind.

Jourdan verfügte in der oberen Pfalz über 5 derselben, dazu über eine Kavallerie=Division, bei der sich etwas Artillerie befand, und welche als „Reserve=Kavallerie" oder „Kavallerie=Reserve" be= zeichnet, meist auch demgemäß verwendet wurde. Jede Infanterie= Division sollte organisationsgemäß bestehen aus:

4 Halbbrigaden, teils Linien=, teils leichte Infanterie, jede zu 3 Bataillons in 8 Kompagnien;

[1] Das Fehlen der Geschütze zu dieser Periode des Feldzugs ist nirgends bemerkt; aber zu Anfang September erwähnt das Tagebuch, daß nun zu den Bataillonen Geschütze gekommen seien.

2 Kavallerie=Regimentern, jedes 5—600 Pferde stark, in 4 bis
6 Eskadrons; meist ein schweres, 1 leichtes Regiment;
1—3 Artillerie=Kompagnien zu je 4 Achtpfündern und 2 Haubitzen;
1 Kompagnie Pioniere (Sappeure). Thatsächlich allerdings be=
gegnet man starken Abweichungen von dieser normalen Zusammen=
setzung der Divisionen[1]); immer jedoch blieben sie gleichartige, in der
Waffenmischung selbständige, zum Gefecht aus der Tiefe befähigte
Körper. Nur war der richtige Gebrauch derselben noch nicht so All=
gemeingut der Generale geworden, daß die in ihnen ruhende Gefahr
einer Zersplitterung der Gesamtkraft stets vermieden blieb. Die ganze
Armee war in zwei Flügel und ein Centrum geteilt, und zwar führte
im Verband der Armee der Oberbefehlshaber zugleich dieses Centrum;
zu ihm gehörten die Infanterie=Divisionen Grenier, Championnet,
Bernadotte, und die Kavallerie=Division Bonnaud; die übrigen beiden
Infanterie=Divisionen Colland und Lefebvre hatten unter General Kleber
den linken Flügel gebildet. Es ist dieser Befehlsverband auch bei den
hier betrachteten Operationen aufrecht erhalten, bez. gelegentlich benützt
worden[2]).

Nach der für Jourdan's Armee zum 15. Juli 1796 vorliegen=
den Ordre de bataille hatte sie 51 Bataillone, 70 Eskadronen. Die
Divisionen waren aber zumal an Infanterie sehr ungleich; so zählte
Lefebvre (als „Vorhut der Armee") 5 Halbbrigaden und über
12000 Mann aller Waffen, Grenier nur 2 Halbbrigaden und nicht
volle 6000 Köpfe. Die Kavallerie=Division zählte in 3 Regimentern
damals nur mehr wenig über 800 Säbel. Dagegen war die Divisions=
Kavallerie in je 2—4 Regimentern allenthalben stärker als diese
Reserve an Reiterei, und erreichte bei Lefebvre 1800 Pferde. Die
ganze Armee war damals 46000 Mann stark, darunter 37000 an
Infanterie.

Wieviel an diesem Stand, namentlich an Infanterie, der Armee
nunmehr, Mitte August, abging, ist nicht bekannt; jedenfalls ist aber

---

[1]) Chuquet, Posselt, Angeli stimmen in ihren Angaben über dieselbe nicht
völlig überein; nach letzterem würde noch ein Bataillon Jäger zu Fuß hinzutreten.
[2]) Der frühere rechte Flügel der Armee lag unter Marceau vor den öster=
reichischen Festungen am Rhein.
Bei der Rhein=Mosel=Armee hatte Moreau je 2—3 Divisionen mit
20—30 Bataillonen zu Armee=Corps vereinigt.

die Bezifferung mit 45 000, welche ihr der Erzherzog gibt, die höchſte zuläſſige, und wahrſcheinlich iſt ſie zu hoch[1]).

In der Stärke der Infanterie-Bataillone wird zwiſchen der öſterreichiſchen und franzöſiſchen Armee damals kein weſentlicher Unter= ſchied geweſen ſein, in der letzteren waren dagegen die Eskadrons ſehr viel ſchwächer, zudem höchſt mittelmäßig beritten; und ſo war Jourdan den Öſterreichern namentlich an dieſer Waffe ſehr bedeutend, im gleichen Verhältnis aber weniger an Infanterie unterlegen.

Chef des ziemlich zahlreichen Stabes war General Ernouf; Direktor der Artillerie General Bollemont.

Eine Abſchätzung des inneren Wertes der beiderſeitigen Streit= kräfte iſt nicht einfach. Die Vorteile, welche eine zweckmäßige Gliederung der Truppen bietet, waren auf Seite der Franzoſen; auch ihre Generale waren im allgemeinen elaſtiſchere Naturen, und vor allem ſelbſtthätiger als die meiſten öſterreichiſchen. Die Ausbildung und kriegeriſche Tüchtigkeit der franzöſiſchen Truppen war ſeit den Jahren der ſoge= nannten Freiwilligen zweifellos vorgeſchritten, und es hat an taktiſcher

---

[1]) Die Einzelbezifferung der 6 Diviſionen in der ö. mil. Zeitſchrift 1847 ergibt 49000 Mann, und iſt unannehmbar. Nach Jourdan's Angaben müßten vom Stand des 15. Juli bis zum 20. Auguſt 1700 Mann Abgang ohne die Be= ſatzungen genommen werden. Chuquet gibt die Armee zu dieſer Zeit mit „kaum 43000". Andererſeits iſt Jourdan's Äußerung im Brief an Moreau vom 22. Auguſt nicht annehmbar: die ihm unter Wartensleben gegenüberſtehende Armee ſei min= deſtens ebenſo ſtark wie ſeine eigene. In ſeinem Bericht vom 5. Auguſt ſchätzte er Wartensleben auf 38—40000 Mann. Der Erzherzog und alle öſterreichiſchen Schriften, übrigens auch Chuquet, geben die Diviſion Bernadotte bei Neumarkt mit 9000 Mann; ſie hatte am 15. Juli ſchon nur wenig über 8000 gezählt, und Jourdan nennt ſie jetzt mit 6000 (?). Angeli ſchätzt 6—7000.

Eine Ordre de bataille der Franzoſen, welche der Erzherzog für Ende Mai gibt und in der alle 5 Infanterie-Diviſionen gleichmäßig 12 Bataillone zählen, will ſich bei Jourdan nicht finden; nur läßt ſich aus ſeinen Angaben ableiten, daß die Ungleichheiten in der Zuſammenſetzung der Diviſionen beim Beginn des Feld= zugs noch nicht ſo erheblich geweſen ſind.

Die Bataillone, deren Sollſtand erſt zu Anfang 1796 auf rund 1000 Mann erhöht worden war, dürfen gleichwohl zu Beginn des Feldzugs nur zu etwa 740 angenommen werden; die Eskadrons zählten vielfach nur zwiſchen 70 und 80 Pferde.

Ob ſich damals bei der Infanterie noch die Regiments-Artillerie befand — 6 Vierpfünder für jede Halbbrigade — iſt nicht bekannt; im Verlauf des Revolutionskrieges iſt ſie allmählig völlig verſchwunden.

Leistung wohl keine der beiden Infanterien ein so entschiedenes Über=
gewicht über die gegnerische gehabt, wie an Kavallerie die österreichische
über die französische.

Daß die französische Infanterie bedeutend beweglicher war und
sehr viel mehr mit Tirailleurs und Kolonnen focht, als die österreichische,
der es um den Franzosen im zerstreuten Gefecht gewachsen zu sein
schon an der Zahl der leichten Truppen gebrach, ist sicher; nur würde
es schwierig sein anzugeben, auf welchem Standpunkt der Umbildung
aus den ersten regellosen Formen zu den eingeschränkteren, festgefügten
der Napoleon'schen Periode sie sich damals befand. Aber die Sambre=
Maas=Armee barg viel abscheuliches Gesindel, Desertion herrschte sehr
stark und die Mannszucht stand auf überaus niederer Stufe. Dies
war um so schlimmer, als das System vom Lande zu leben von Hoch
und Nieder in der Armee in unsinnig überspanntem Maß, unglaublich
frivol und roh gehandhabt wurde, vielfach zur schamlosesten Plünderung
und Erpressung herabsank. Und zwar gerade in Jourdan's Armee in
viel höherem Grad als anderswo. Das System hatte zunächst den
Nachteil, daß es meist zu größerer Breitenausdehnung im Marschieren
und im Lagern zwang, als taktisch vorteilhaft war, sollten die Truppen
nicht doch hungern. Es blieb aber nicht etwa auf Nahrung beschränkt,
sondern mußte, da die Heeresverwaltung schlechthin für nichts sorgte,
auf Kleidung, Ausrüstung, Waffen, Transportmittel, Sold, alle anderen
Ausgaben beim Heer, ja selbst auf Munition ausgedehnt werden[1].
Solche Zustände mußten am inneren Gefüge der Armee nagen. Und
auch eine unheilvolle Rückwirkung auf die Operationen blieb später
nicht aus; denn die wohlwollende, vielfach sogar sympathische Neugier,
mit der die Bevölkerung den republikanischen „Neufranken" entgegen=
gesehen hatte, war längst umgewandelt in glühenden Haß und wilde
Rachgier[2].

---

[1] Wir wissen von Jourdan und aus Ney's Memoiren z. B., daß die
Armee in der hier behandelten Periode mit Munition aus den von ihr einge=
nommenen festen Plätzen kämpfte, und Mangel zu empfinden begann, als diese
verbraucht war.

[2] „Man hatte Verteidiger der Menschenrechte, fast eine Art von Philosophen
erwartet, und man fand Soldaten . . . . in deren Kriegswörterbuch durchaus das
Wort Diszziplin nicht steht . . . . die fremdes Eigentum so wenig wie ihr eigen
Leben achteten." (Posselt.)

Überblick.

Wir sehen mithin am 21. August F.-Z.-M. Graf Wartensleben mit etwa 38000 Mann auf den Höhen des östlichen Raab-Ufers von Schwandorf bis gegenüber Schwarzenfeld; eine Postierung von 3 Bataill., 15 Esk. unter Oberst Görger bei Roßhaupt[1]).

Auf Kanonenschußweite ihm gegenüber am westlichen Ufer den Hauptteil der französischen Armee, Jourdan mit etwa 37000 Mann, bereit zum Angriff; Detachements bei Nabburg und jenseits der Naab auf der Pilsener Straße.

Eine zweite Gruppe Franzosen, die Division Bernadotte, 7000 bis 8000 Mann, südöstlich Neumarkt, 6—7 Meilen von Jourdan entfernt, mit dem Gros bei Deining an der Straße nach Hemau und Regensburg. Gemeinsam hatten beide Gruppen ihre Rückzugslinie über Nürnberg nach Würzburg; ohne empfindliche Nachteile war von derselben nicht abzuweichen. (Skizze 1.)

Im Anmarsch gegen Neumarkt 28000 Österreicher gleichfalls in zwei Gruppen; links an der Straße Beilngries—Neumarkt im Sulzthal, bei Pollanten und Bachhausen die seitherige Avantgarde der Armee, Liechtenstein mit 3 Bataill., 16 Esk.; dahinter bei Berching

---

„Der Franzmann ist ein Satanskind,
Verwildert und verblendet.
Gott hat im Grimme dies Gesind
Zur Strafe uns gesendet.
Denn was sich der Franzos erlaubt,
Das hätte ja kein Mensch geglaubt."
(Aus einem gleichzeitigen Flugblatt-Gedicht.)

Eine gute Charakteristik der Jourdan'schen Armee, Schilderung ihrer Aufführung, ihres Verhältnisses zu Behörden und Bevölkerung siehe in Soden, Reichsgraf, die Franzosen in Franken 1796. Nürnberg 1797.

Ferner Hutzelmann, die französische Invasion in Franken 1796. Fürth, in 2. Auflage 1888.

Rapp, Kampf Österreichs gegen die Franzosen in der Oberpfalz 1796. Amberg 1886.

Der Kriegsschauplatz in der oberen Pfalz 1796. Amberg 1802.

Posselt's Annalen 1796 brachten einen kleinen Essay über Jourdan. Eine Schilderung seiner Person — er war damals 38 Jahre alt — findet sich in der Zeitschrift für Kunst, Wissenschaft und Geschichte des Kriegs, 1827, 11. Heft, und bei Schneidawind.

[1]) Verschieden angegeben; auch zu nur 2 Bataill., 8 Esk.

als Gros Hoße mit 6 Bataill., 11 Esk.; rechts an der Straße Hemau—
Neumarkt bei Seubersdorf Nauendorf mit 9 Bataill., 16 Esk. vor
dem Erzherzog, dieser mit noch 12 Bataill., 13 Esk. dahinter bei
Willenhofen und Herrnried; im letztern Ort das Hauptquartier[1]).
In der linken Gruppe war Liechtenstein dem F.-M.-L. Hoße
unterstellt[2]).

Die rechte Gruppe hatte seit den Scharmützeln des 19. und 21.
von Seubersdorf aus enge Fühlung mit dem Gegner in Deining,
und über Kalmünz und Burglengenfeld Verbindung mit dem Heerteil
Wartensleben's. Sie stand aus keinem andern Grund so weit östlich
ausgreifend auf der Regensburger-Straße, fast um 3 Meilen unweg-
samen Geländes von der linken Kolonne getrennt, als weil der Erzherzog zunächst eine unmittelbare Vereinigung mit Wartensleben über
Hemau angestrebt hatte. In der Wahl der Etappen- und Rückzugs-
straßen war der Erzherzog ziemlich frei; er konnte sie über Neustadt a./D.
oder über Regensburg leiten, nicht mehr über den Ausgangspunkt
seines Marsches, Ingolstadt; dagegen mochte es, wenn er wollte, wenig
Schwierigkeiten haben, sich schon jetzt nach Böhmen zu basieren.
Wartensleben hatte zuletzt in der Nacht zum 22. über die Sachlage
an der Naab berichtet, und vorgestellt, wie es für ihn unmöglich oder
doch sehr gefährlich sei, offensiv gegen Jourdan zu werden; und an
dieser seiner Auffassung vermochte auch die hierauf erneut an ihn er-
gehende Aufforderung des Erzherzogs, jede Gelegenheit zu einem Angriff auf Jourdan zu benützen, nichts zu ändern.

Jedenfalls war der Erzherzog in der Nacht zum 22. über
Wartensleben's Aufstellung, und auch über den Feind zureichend unter-

---

[1]) Beim Donau-Übergang ist die vom Erzherzog selbst geführte rechte
Kolonne angegeben mit 15 Bataill., 23 Esk. (Sztarray und Riesch); die linke
unter Hoße mit 10 Bataill., 17 Esk. In dieser Bezifferung mögen enthalten sein
Hoße's eigene Truppen mit 6 Bataill., 11 Esk., O'Reilly mit 3 Bataill., 6 Esk.,
und 1 Bataill., das Liechtenstein an Nauendorf hatte abgeben müssen. Liechtenstein wird im Tagebuch für diese Periode des Feldzugs bestimmt mit nur 3 Bataill.
statt 4 angegeben. Nauendorf hatte nun unter sich O'Reilly, dann 2 Bataill. von
Wartensleben, und seit 21. weitere 4 Bataill., 10 Esk. aus des Erzherzogs Kolonne,
zusammen 9 Bataill., 16 Esk. Angeli und ö. mil. Zeitschrift 1847.

[2]) Tagebuch; der Erzherzog erwähnt derartige Beziehungen fast nirgends.

richtet. Nicht so sein Gegner; dieser besaß am Abend dieses Tags noch keine volle Kenntnis von der ihm drohenden Gefahr.

Jourdan hatte zwar schon am 20. durch Bernadotte Aussagen von Gefangenen übermittelt erhalten, wonach der Erzherzog auf der Regensburger Straße vorrücke; aber er beunruhigte sich, wie er erzählt, nicht sehr lebhaft hierüber; denn wenn er auch nicht wußte, wo Moreau sich zur Zeit befinde, so konnte er am allerwenigsten annehmen, er sei auf das südliche Donau-Ufer übergetreten, und blieb überzeugt, Moreau werde dem Erzherzog nicht eine Bewegungsfreiheit lassen, welche ihm selbst (Jourdan) gefährlich sein könnte.

Die Antwort an Bernadotte, vom 21. August 2 Uhr morgens, empfiehlt diesem auch nur, den Feind zu beobachten, Verbindung mit Moreau zu suchen und im Notfall den Rückzug nach Nürnberg zu nehmen. Jourdan selbst betrieb am 21. Erkundungen für den An= griff auf Wartensleben; der Nachrichten, welche er in der folgenden Nacht erhielt, ist später zu gedenken.

Dieses für ihn so günstige Verhältnis hatte der Erzherzog nun freilich mehr dem mangelhaften Nachrichtenwesen der Franzosen und der unzulänglichen Verbindung ihrer beiden Heerführer zu danken gehabt, als seiner eigenen Schnelligkeit. Auch war es ein für ihn sehr günstiger Umstand, daß Jourdan seine Reiter=Division bei sich behalten hatte, statt sie Bernadotte anzuschließen. Die Wegstrecke von der Donau bis in die Aufstellung des 21. betrug für Hotze etwa 70, für die Kolonne des Erzherzogs etwa 60 km; dazu sind, allerdings mit einigem Umweg, und zum Teil in mühsamem Marsch auf unter= geordneten Querverbindungen in einem damals ziemlich unwirtlichen Hügelland, das ein gleichzeitiger Bericht aber doch mit einiger Über= treibung „wilde Gebirgsgegend" nennt, fünf Tage nötig gewesen[1]).

Jourdan befand sich nun zwischen dem Erzherzog und Wartens= leben, welche beide zusammen ihm numerisch namhaft überlegen waren, in einer Lage, die wohl als eine sehr ungünstige beurteilt werden

---

[1]) Der „Kriegsschauplatz in der oberen Pfalz" läßt hier den Erzherzog ziehen: „Tag und Nacht hindurch durch ungangbare Wege, über Felsen und Klippen, und durch das schauderliche Dunkel unbewohnter und endloser Wälder."

Die Langsamkeit der Bewegung, die zum Teil übrigens auch in Verpflegs= schwierigkeiten begründet sein mochte, ist keine vereinzelte Erscheinung, und wird sich auch weiterhin zeigen.

muß. Schien dem Erzherzog bei seinem Donau=Übergang am 17. die Richtung nach Neumarkt besten Falls in Jourdan's Flanke zu führen, so leitete sie ihn nunmehr in dessen Rücken. Selbst wenn Jourdan augenblicklich umkehrte, konnte der Erzherzog vor ihm auf seiner Rück= zugslinie stehen wo er wollte, bei Hersbruck z. B.; jener durfte nur zugreifen, um Nürnberg in seinem Rücken wegzunehmen. Gegen Wartensleben etwa 1 Division stehen zu lassen, mit dem Rest nach Neumarkt zu marschieren und mit Bernadotte über den Erzherzog herzufallen, dazu war es zu spät[1]); jetzt mußte Bernadotte mit leichter Mühe erdrückt oder bei Seite geschoben werden können, denn jede der beiden Kolonnen des Erzherzogs allein war dieser Division überlegen.

Man möchte daher auch erwarten, daß der Erzherzog nunmehr, wo er auf zwei guten Heerstraßen stand, um so rascher und durch= greifender handelte; daß er am 22. mit ganzer Kraft über Bernadotte herfiel, um sich dann mit ganzer Kraft in Flanke und Rücken Jourdan's zu werfen.

Die Ereignisse bieten nicht ganz dieses Bild, und gewissermaßen eine Vorbereitung hierauf ist es, wenn der Erzherzog die Sachlage am 22. folgendermaßen zeichnet: „Es war eine der schwersten Auf= gaben gelöst, nämlich mit einer geringeren Masse disponibler Streit= kräfte eine überlegene Truppenzahl auf dem entscheidenden Punkt zu vereinigen . . .[2]). Durch den Marsch in der Richtung auf Neumarkt waren soviel Truppen gegen Bernadotte in Bewegung gesetzt, daß ihre Überlegenheit den Sieg versicherte. Der Erzherzog stand in

---

[1]) Der Erzherzog hatte dies für möglich gehalten und es in einer In= struktion an Wartensleben vom 17. August zur Sprache gebracht. (Angeli.) Er deutet die Operation auch an in seiner Geschichte des Feldzugs bei den Betrachtungen über den Tag von Amberg, und wiederum in der Geschichte des Revolutionskriegs. Gouvion St. Cyr erörtert sie ebenfalls. Ferner ist sie besprochen von Cornaro, strateg. Betrachtungen, und dabei gerade in Rücksicht auf ihre Durchführbarkeit Jourdan's Lage „keine ungünstige" genannt. Aber die notwendige Voraussetzung, ebenso frühzeitige als sichere Kenntnis vom Anmarsch des Erzherzogs, traf durch= aus nicht zu. Auch Angeli nennt Jourdan's Lage „eine höchst gefährliche."

[2]) Nach des Erzherzogs Aufstellungen waren an Truppen, welche im freien Feld, nicht in oder an Festungen gebunden waren, Moreau und Jourdan zu= sammen den Österreichern um etwa 10000 Mann überlegen. Einschlüssig der Besatzungen und Blokaden war indessen die numerische Überlegenheit zweifellos auf österreichischer Seite.

Jourdan's Flanke. Ein so vorteilhaftes Verhältnis erheischte rasche Fortschritte . . . . aber auch Vorsicht . . . ., es durfte kein Mittel= ding zwischen einem entscheidenden Sieg oder einem ehrenvollen Rück= zug . . . . werden; ersterer schien zweifelhaft, beinahe unwahrscheinlich, letzterer hing ab . . . ." u. s. w.

So zutreffend die Vordersätze sind, so eigenartig berührt es, daß der Erzherzog einen so lebhaften Zweifel am Siege in die letzten Worte legt; er hat ja doch, als er sie schrieb, jenen Erfolg, den er „beinahe unwahrscheinlich" nennt, längst errungen gehabt. Aber aller= dings ist das, was am 22. August 1796 wirklich geschah, durch einen Akt ziemlicher Vorsicht eingeleitet worden.

II.

22. und 23. August.

(Gefechte bei Deining und Neumarkt.)

Eine allgemeine Disposition für den 22. ist vom Erzherzog nicht erlassen worden. Die Truppen bei Willenhofen und Herrnried blieben zunächst in ihren Lagern; Hotze und Liechtenstein hatten vor= erst keine Befehle erhalten, und blieben daher da stehen, wo sie am 21. angelangt waren[1]).

Der Erzherzog dagegen „veranstaltete eine Rekognoszierung gegen Deining, um sich von Stärke und Aufstellung des Feinds zu über= zeugen, bevor ein entscheidender Schritt unternommen würde."

Um 10 Uhr vormittags rückte „die österreichische Rekognoszierung", d. h. General Nauendorf mit seinen 9 Bataillonen und einiger Ka= vallerie von Zeubersdorf dementsprechend vor. Mühelos ward Mitter= stall und Deining den französischen Vortruppen abgenommen; sie zogen sich zunächst zurück über die dicht hinter dem Ort laufende Laber, hier ein ganz unbedeutendes Gewässer, und fanden Aufnahme auf den Höhen des westlichen Ufers, auf welchem sich, die Flügel an die Dörfer Leutenbach und Tauernfeld gelehnt, die Division Bernadotte

---

[1]) In Liechtenstein's Tagebuch erscheint diese Thatsache in folgendem Ge= wand: „Hotze war durch einen jener unglücklichen Zufälle, welche oft im Krieg glänzende Waffenthaten hindern, nicht benachrichtigt, daß der Erzherzog bereits morgens . . . . nach Deining rücke."

mit 8 von ihren 9 Bataillonen und 11 Eskadrons schon befand, oder von Neumarkt her im Laufe des Tags entwickelte.

Der Erzherzog „urteilte aus diesem ersten Erfolg, daß der Feind nicht stark genug sei, um ernstlichen Widerstand zu leisten, und beschloß den allgemeinen Angriff." Man ist zu fragen versucht, was wohl der Erzherzog gethan haben würde, hätte der Gegner schon hier bei Deining ernstlichen Widerstand geleistet; unmöglich konnte er den Fort= gang seiner Operation gegen Jourdan davon abhängig machen wollen, ob Bernadotte sich derselben widersetzen würde oder nicht[1]). Es erging nun, wie der Erzherzog erzählt, Befehl zum Vorrücken an die bei Willenhofen gebliebenen Truppen; an Hotze, „von seiner Seite eben= falls mitzuwirken"; und dem Wortlaut wie dem Zusammenhang der Schilderung der Tagesereignisse nach müßten diese Befehle auf Weiter= führung des um den Laber=Übergang bei Deining begonnenen Gefechts noch am 22. bezogen werden. Aber abgesehen von den Entfernungen — nach Willenhofen waren 20 km und Hotze war unter 3 Meilen Reitens nicht zu erreichen — ist diese Auffassung, nach dem was wir aus Liechtensteins Tagebuch sonst über den Tag und den 23. wissen, nicht aufrecht zu erhalten. Es scheint vielmehr, daß der Erzherzog nach der Einnahme von Deining das Gefecht und die Tagesleistung für beendet, den unmittelbaren Weitermarsch nach Neumarkt am 23. gesichert erachtete; daß er sich daher nach Herrnried zurück begab und Nauendorf allein bei Deining blieb; daß der Erzherzog dann die Truppen bei Willenhofen in Marsch setzte, um sie für den folgenden Tag näher an Neumarkt zu bringen, und Hotze mit Weisung zum Eingreifen gleichfalls erst für den 23. versah[2]).

Thatsächlich sind Nauendorf's Truppen bis zum Abend in ein mühevolles Gefecht um den Laber=Übergang verwickelt und dabei auf sich selbst angewiesen geblieben, da die Franzosen im weiteren Verlauf des Tags bis an die Thalränder vorrückten und die Österreicher auch

---

[1]) Bei Angeli heißt es auch: „Da der Erzherzog hieraus entnahm, der Feind wolle den Übergang über die Laber verteidigen, ordnete er einen allgemeinen Angriff an."

[2]) Anders läßt sich der Zusammenhang der Vorgänge nach den Über= lieferungen des Liechtenstein=Tagebuchs nicht wohl entwickeln; Angeli's kurze Schilderung des Tages klärt die Vorgänge im Zusammenhalt mit dem Tage= buch nicht.

aus Deining wieder vertrieben, und die von Willenhofen vorgerufene Kolonne erst mit Einbruch der Dunkelheit ankam. Sie hielt bei Alfalterbach, 5 km vor Deining. Hotze aber ist bis zum Abend ohne Nachricht oder Weisung von Seite des Erzherzogs geblieben. Um 2 Uhr nachmittags hatte man bei ihm von Deining herüber Gefechts=lärm gehört; und bald darauf kam ihm von Nauendorf die schriftliche Aufforderung zu, in das Gefecht bei Deining einzugreifen. Nun hatte er schon morgens den Fürsten Liechtenstein, der über Freystadt gegen Neumarkt vorrücken wollte, als „der Klugheit und den erhaltenen Weisungen entsprechender" zurückgehalten; und so hielt sich der Feld=marschall=Lieutenant auch jetzt „nicht für berechtigt, ohne ausdrücklichen Befehl des Erzherzogs von dessen früheren Weisungen abzugehen, und untersagte jede Angriffsunternehmung[1]". Worin diese Weisungen des Erzherzogs bestanden, ist nirgends ersichtlich, wenn es nicht die am 18. gegebene war, „die größte Vorsicht gegen die feindliche Division (Bernadotte) zu beobachten." Außer einer von Liechtenstein's Reiterei bis Neumarkt getriebenen Erkundung geschah am 22. von dieser Seite nichts[2]).

Wie bei Nauendorf das Gefecht um die Laberhöhen verlief, mag dahingestellt bleiben. Der Erzherzog erzählt, „gegen Abend mußte der Feind weichen." Aber dagegen verwahrt sich Jourdan sehr entschieden; nach ihm — und das nimmt auch Angeli an — behauptete Bernadotte seine Stellung, zog aber abends 11 Uhr ab; wohl mit Rücksicht auf die Österreicher bei Berching, von denen er sich bis zum Morgen im Rücken gefaßt sehen konnte, und weil ihm über die allgemeine Lage, nicht nur für seine Division, sondern für die ganze Armee, kein Zweifel mehr übrig war. Er führte seine Division auf die Höhen dicht nörd=lich und nordwestlich Neumarkt, zwischen den Straßen nach Amberg und Nürnberg; Neumarkt hielt er besetzt.

Selbst wenn nicht die bestimmte Weisung Jourdan's vorgelegen wäre, blieb ihm kaum etwas Besseres zu thun übrig, als sich auf den Rückzug nach dem Pegnitzthal einzurichten.

So kam er hier mit fast heiler Haut davon. Und wie übel hätte es ihm ergehen können!

---

[1]) Sämtliches Liechtenstein=Tagebuch.
[2]) Desgleichen.

Die Österreicher begannen den Tag mit einer gewaltsamen Er=
kundung; mit einem Einsatz von Truppen, immerhin in der Stärke
von mehr als einer Brigade, um durch ein Gefecht Stärke und Absicht
eines Gegners zu erfahren, den man gewiß der Erkundungstruppe für
überlegen hielt, wenn schon er es nicht war. In der damaligen Krieg=
führung — wenigstens auf österreichischer Seite — waren solche Unter=
nehmungen noch nicht verpönt; sie waren sogar nicht selten, und nützten
außerordentlich viel an Gefechtskraft ohne wirklichen Vorteil ab. Hier
freilich fiel der Führung schließlich ein Erfolg zu, aber gegen ihr
Verdienst mit ihrer Erwartung übereinstimmend; und im allgemeinen
war der Tag für die Österreicher ziemlich ein verlorener. Nicht ein=
mal Neumarkt war erreicht, und man mußte der ganzen linken Kolonne,
Liechtenstein's und Hotze's Truppen, die Nachtruhe abfordern, um auch
sie vorwärts und an den Feind zu bringen.

In den strategischen Beziehungen beider Gegner war der Tag
durchaus zum Vorteil für die Franzosen, denn er öffnete ihrem Feld=
herrn die Augen. In der Nacht zum 22. war bei Jourdan im Kloster
Ensdorf (südlich Amberg) ein Schreiben Moreau's aus Dillingen vom
20. eingelangt, in welchem er die Vermutung ausspricht, Erzherzog
Carl sei über Ingolstadt unterwegs zu Wartensleben, um mit diesem
vereint die Sambre=Maas=Armee anzugreifen[1]). Er teilt gleichzeitig
mit, daß die Rhein=Mosel=Armee nun südlich der Donau vor dem
Lech stehe, verspricht aber nichtsdestoweniger bestimmt, dem Erzherzog,
der gleichwohl 3—4 Märsche voraus habe, zu folgen und nicht die
Zeit zu lassen, Jourdan gefährlich zu werden. Das Antwortschreiben
dieses letzteren vom 22. zeigt, daß er sich der ganzen Größe der über
ihm schwebenden Gefahr nun vollkommen bewußt war. Gleichwohl
blieb er am 22. vor der Naab stehen; wie er ausführt im Vertrauen
auf Moreau's angekündigte Einwirkung, und „um diese nicht durch
vorzeitigen Abzug seinerseits scheitern zu machen." Daß ein Feld=
herr, der vom Rhein bis an Böhmen's Grenze siegreich vordrang,
bis zum letztmöglichen Augenblick zögerte, ehe er unverrichteter Dinge
umkehrte, wird Jedermann nachfühlen, und Niemand wird ihn belehren
wollen, welches Maß von Wagemut nur er hätte aufwenden dürfen.

[1]) Nach Gouvion St. Cyr's bestimmter Erzählung hatte Moreau schon am
18., also zwei Tage vor dieser Mitteilung an Jourdan erstmals etwas vom Ab=
marsch des Erzherzogs erfahren gehabt.

Nur wird auch niemand sich von Moreau's Brief aus Dillingen be=
friedigt fühlen, und man wird immerhin urteilen müssen, daß Moreau
sehr viel mehr versprach), und Jourdan mehr glaubte und für mög=
lich hielt, als ersterer leisten konnte, und später leisten wollte. Am
22. abends 8 Uhr erhielt Jourdan dann Bernadotte's Meldung —
beide Generale trennte ein Weg von etwa 45 km — daß er bei
Deining angegriffen sei. Er antwortete durch augenblickliche Ent=
sendung der Kavallerie=Division Bonnaud; sie erhielt Auftrag, Nach=
richt von Bernadotte einzuholen, wenn möglich sich mit ihm zu ver=
einigen. Eine sehr verspätete Maßregel, die nur so unfruchtbarer
blieb, als der Reitermasse, welche wahrscheinlich noch vor dem
Morgen des 23. aufbrach), ein abseits aller besseren Verbindungen
mitten in Wäldern liegendes Dorf als nächster Zielpunkt bestimmt
war, Pielenhofen (Pillenhofen) 1½ Meilen südlich Kastel. Sie war
dort fast 3 Meilen von Neumarkt entfernt, und würde nur mühsam
zu Bernadotte gelangt sein, selbst wenn dieser für sie am 23. noch
bei Deining oder Neumarkt zu finden gewesen wäre.

An der Naab ist am 22. alles ruhig geblieben; keine Quelle
erwähnt hierwegen etwas. Wartensleben war wohl froh, nicht ge=
drängt zu werden, und Jourdan wollte die Krisis, der er sich unter=
worfen fühlte, vorübergehen lassen, ehe er einen Angriff unternahm,
der schwierig, und ohne weitgehende Vorbereitungen nicht durchzu=
führen war. [1]

In seiner Darstellung des Feldzugs äußert sich der Erzherzog
über den 22. folgendermaßen: „Der Erzherzog hätte an diesem Tag
mehr leisten sollen. Da seine Rekognoszierung die Vorbereitung
einer Offensive beabsichtigte, so wäre es zweckmäßig gewesen, alle
rückwärtigen Truppen . . . derart folgen zu lassen, daß . . . er sie
schnell zum Angriff vorziehen konnte. Wäre Hotze zu gleichem Be=
nehmen angewiesen worden, so würde Neumarkt schon am 22. ganz
sicher erreicht, Bernadotte empfindlich geschlagen, . . . Jourdan nicht
auf die Gefahr aufmerksam gemacht worden sein." Und in der Ge=
schichte des Revolutionskriegs:

---

[1] Brief an Moreau vom 22. August: „Er wird nicht angreifen, ehe Moreau
nicht in der Nähe ist, und sich glücklich schätzen, nicht selbst angegriffen zu werden."

„Der Erzherzog . . . verlor hier Zeit, und anstatt den Feind durch seine Überlegenheit augenblicklich zu unterdrücken, hat er ihn blos am 21. verfolgt und am 22. aus Deining herausgeworfen." Der Erzherzog verurteilte nachmals also selbst die gewaltsame Erkundung und setzte an deren Stelle ein gleichzeitiges Vorgehen der gesamten Kraft.

Des Erzherzogs Befehl für den 23. ist am 22. gegen Abend durch einen Generalstabsoffizier zu Hotze gebracht worden; er ist also schon nachmittags erlassen, und ist eben jene Weisung, welche der Erz= herzog zu seiner linken Kolonne sandte, als er sich nach der ersten Einnahme von Deining für den 23. zum weiteren Vorgehen gegen die Division Bernadotte entschlossen hatte. Der Befehl teilt mit, daß die rechte Kolonne vor Tagesanbruch von Deining nach Neumarkt rücke, und fährt nach Aufzeichnungen der Befehlsempfänger weiter: „F.=M.=L. Hotze und dessen Avantgarde brechen um Mitternacht auf und marschieren auf dem Weg von Freystadt nach Neumarkt, sodann auf der Heerstraße von Regensburg gegen Nürnberg vor."¹) Im Sulzthal sollte, auch zur Verbindung mit der rechten Kolonne, 1 Bataill., 2 Esk. vorgehen, in der äußersten linken Flanke seien 8 (10) Husaren=Eskadrons nach Postbauer auf der Nürnberger Straße zur Einwirkung auf Bernadotte's Rückzug vorauszuschicken. Nach der Schilderung des Erzherzogs aber sollte am 23. Hotze selbst auf der großen Straße im Sulzthal, das rechte Detachement auf dessen östlichen Thalhängen vorgehen; und sie enthält nichts davon, daß der Erzherzog mit Liechtenstein und Hotze schon jetzt, und ehe man wußte, wohin Bernadotte sich wenden würde, außer der Hälfte seiner Kavallerie auch ein Drittel seiner gesamten Infanterie (9 Bataill. von 28) von Neumarkt aus in eine Richtung gelenkt hätte, welche für das Zusammentreffen mit Jourdan den sicheren Verzicht auf diese Truppen bedingte. Da dies aber am folgenden Tag in noch viel höherem Grade wirklich geschehen ist, so mag es wohl sein, daß das Tagebuch den Befehl für den 23. in dieser Beziehung richtig überliefert.

----

¹) Liechtenstein=Tagebuch.

Wartensleben ward für den 23. angewiesen, sich durch eine forcierte Rekognoszierung von den Bewegungen Jourdan's zu über= zeugen, und alles aufzuwenden, wieder in den Besitz der Positionen von Amberg zu gelangen. (Angeli.)

Mag nun Hotze über Freystadt marschiert sein oder nicht, so war es eine Folge der Disposition, daß die rechte Kolonne, welche etwas später nach Neumarkt gelangte als die linke, das Gros der letzteren im Durchzug durch die Stadt begriffen fand, und des sum= pfigen Seitengeländes halber auf sie warten mußte, um sich hinter ihr anschließen zu können. Dem glatten Fortgang der ganzen Bewegung konnte dies nicht förderlich sein; und es hätte unangenehmer werden können, wäre von Bernadotte mehr als ein Arrieregarden = Gefecht angenommen worden. Neumarkt hatte er sofort geräumt, als die zuerst dort anlangende Avantgarde Liechtenstein links um die Stadt gegen die Nürnberger Straße übergriff; etwa um 10 Uhr vormit= tags, als Hotze's und Nauendorf's Truppen jenseits Neumarkt im Aufmarsch begriffen waren, Liechtenstein von der Höhe südlich Pölling günstige Einwirkung auf die rechte Flanke der französischen Division gewonnen hatte, verließ diese ihre Aufstellung vollständig, und zog ab auf dem Weg über Berg und Altdorf, damals nur ein schlechter Orts= verbindungsweg. Es scheint vorzugsweise Artilleriekampf stattge= funden zu haben; keinesfalls erlitt Bernadotte irgendwelche empfindliche Einbuße. [1]

Der Abend fand die Division Bernadotte nach einem Marsch von 30 km bei Lauf an der Pegnitz, nunmehr vorläufig in völliger Sicherheit. Der General hatte damit Nürnberg frei gegeben, aber unter den obwaltenden Umständen wahrscheinlich die bestmögliche Rückzugsrichtung gewählt.

---

[1] Die Zahl von Bataillonen und Eskadronen, welche der Erzherzog und Angeli für die einzelnen Marsch= oder Gefechtsgruppen angeben, stimmen zum Teil mit der seitherigen Truppeneinteilung nicht überein.

Die frühmorgens nach Postbauer gesandten Eskadrons hatten dort nichts zu thun gefunden. Es mag daraus geschlossen werden, daß Bernadotte von vorn= herein seine Bagagen über Altdorf, nicht nach Nürnberg geleitet hatte.

Jourdan gibt für 22. und 23. als Verlust Bernadotte's 500 Mann; nach seiner Art der Verlust=Bestimmung sind dabei stets die zahlreichen Marodeure und Ausreißer inbegriffen.

Die Kavallerie-Division unter Bonnaud war am 23. nach Pielenhofen gelangt. Nach österreichischen Schilderungen und nach Jourdan's Angabe fand er sich dort von österreichischer leichter Reiterei allseitig umschwärmt; immerhin erfuhr er Bernadotte's Wegmarsch von Neumarkt und erkannte die Unmöglichkeit, diesem noch nützlich zu sein. Für diesen Fall waren ihm Kastel und Amberg als Ziel- punkte zugewiesen, und der Auftrag, die rechte Flanke der französischen Armee zu decken. Am Morgen des 24. traf er bei Kastel ein.[1]

Auf österreichischer Seite nächtigte Liechtenstein bei Postbauer oder Schwarzenbruck[2]) an der großen Nürnberger Straße; seine Reiter streiften bis an die Reichsstadt; Hotze bei Berg, mit einer Avantgarde in Altdorf; Nauendorf mit der seitherigen Avantgarde der rechten Kolonne zwischen Neumarkt und Pilsach an der Straße nach Amberg; in Neumarkt selbst mit dem Rest der Truppen der Erzherzog, „um Anstalten zu einer entscheidenden Operation zu treffen, von welcher die bisherigen Ereignisse nur Vorbereitungen waren."

Der Erzherzog, seit dem 21. in enger Fühlung mit der Divi- sion Bernadotte, und dieser sicher vierfach überlegen, hatte sie in zwei Gefechten beiseite geschoben, ohne ihr eine Niederlage beizubringen, und dabei seine eigenen Truppen in zwei Sommertagen um wenig über 3 Meilen vorwärts gebracht. Nun stand er mit seinem Heer- teil vollkommen versammelt, und Jourdan gegenüber immer noch in gleich günstiger Richtung. Bei diesem, nicht bei Bernadotte, war der Schwerpunkt der kriegerischen Lage, winkte der größere Erfolg. Daß Bernadotte am 20. Daßwang, am 22. Deining so rasch aufgab, hatte beim Erzherzog Zweifel entstehen lassen ob das nicht etwa mit einer rückgängigen Bewegung Jourdan's zusammenhänge (Angeli). Dieser Zweifel ward im Lauf des 23. im Hauptquartier zu Neu- markt durch Wartensleben's Berichte behoben; aber mit jeder Stunde ward nun die Wahrscheinlichkeit geringer, Jourdan noch gewisser- maßen festgefahren an der Naab, durch Trains und Troß behindert

---

[1]) Der Erzherzog läßt in Verwechslung ähnlicher Ortsnamen Bonnaud nach Vilshofen im Vilsthal südlich Amberg reiten, und von dort aus Kastel durch das Lauterach-Thal gewinnen.

[2]) Das erstere erzählt das Tagebuch, letzteres Angeli.

in freier Bewegung nach rückwärts anzutreffen, und noch war der Erzherzog 6 Meilen von ihm getrennt. Schon um 11 Uhr vor= mittags am 23. war er bei Neumarkt völlig frei in seinen Beweg= ungen gewesen und doch hatte ihn der Tag nur wenig näher an die französische Hauptarmee gebracht. Der 24. mußte deren Schicksal entscheiden, den Erfolg der schönen Operation bestimmen, welche der Erzherzog durch seinen Donau=Übergang eine Woche vorher eingeleitet hatte. Nunmehr aber konnte nur eines noch Jourdan festhalten und einer Katastrophe entgegen führen: eine kräftige Offensive Wartens= leben's und ein beschleunigtes Vorrücken des Erzherzogs in Jourdan's Rücken. In ersterer Beziehung hatte der Erzherzog freilich mit dem äußersten Widerstreben Wartensleben's zu kämpfen; wenn er aber selbst am 19. in Schamhaupten auf die Nachricht vom Rückzug War= tensleben's aus Amberg der Tagesleistung noch einen Nachtmarsch folgen zu lassen keinen Anstand genommen hatte, so war sicher hier eine außergewöhnliche Inanspruchnahme der Truppen sehr viel mehr am Platze. 20 Bataillone und den Hauptteil der Reiterei am Mit= tag des 23. etwa nach Laber, Trautmannshofen, Pfeffertshofen vor= getrieben, nach wenigen Stunden Rast weiter gegen Amberg, — und es war immer noch möglich, Jourdan einen empfindlichen, vielleicht einen vernichtenden Schlag beizubringen.

Die Ereignisse zeigen aber, daß der Schwerpunkt der Tages= aufgabe für den 24. vom Erzherzog nicht so sehr bei Amberg, als auf der Pegnitz=Thalstraße zwischen Hersbruck und Nürnberg gesucht worden ist.[1]

III.

24. August.

(Gefecht bei Amberg.)

Über die Anordnungen des Erzherzogs für den 24. und an diesem Tag selbst sind wir trotz Angeli's Mitteilungen nicht mit

---

[1] Hiezu ein französisches Urteil zum 23.: „Ce nouveau retard risquait de rendre l'opération beaucoup moins décisive que l'Archiduc ne l'espérait, d'autant que le plus clair résultat de la „reconnaissance offensive" dirigée contre la division Bernadotte avait été de mettre Jourdan sur ses gardes." (Chuquet.)

wünschenswerter Klarheit unterrichtet. Jedenfalls beruhen alle seine Befehle auf der Voraussetzung, daß Jourdan die Straße Amberg—Hersbruck—Nürnberg auch jetzt noch als seine Rückzugslinie betrachte.

Der Erzherzog erzählt, er habe Wartensleben befohlen, Jourdan am 24. „ohne alle Bedenklichkeit anzugreifen", und er habe ihm mitgeteilt, daß er selbst am 24. früh „über Kastel nach Amberg in des Feindes Flanke und Rücken marschieren werde, indessen einige Abteilungen die Defileen der Pegnitz vor dem Feinde gewinnen würden."

Angeli aber teilt mit, der Erzherzog habe dem Befehl, Jourdan am 24. anzugreifen, welchen er den Einwendungen Wartensleben's gegenüber in sehr kategorischer Weise noch spät am Abend des 23. zu wiederholen nötig hatte, nur beigefügt: „Morgen früh 3 Uhr werde ich eine starke Abteilung meiner Truppen nach Pfaffenhofen vorpoussieren, und ich glaube hierdurch alles Mögliche zur Erleichterung Ihres Angriffs beizutragen . . ."

In den Verfügungen zum 24. über seine eigenen Truppen brachte der Erzherzog seine Absichten zunächst nur andeutungsweise zum Ausdruck.

F.-M.-L. Baron Hotze (6 Bataill., 8 (11?) Esk.) hatte von Berg auf seine Avantgarde in Altdorf aufzuschließen;

F.-M.-L. Graf Sztarray mit 8 (12 oder 14?) Bataill., 2 Esk. bei Tagesanbruch ebendahin aufzubrechen;

G.-M. Fürst Liechtenstein (2 Bataill., 16 Esk.) nach Feucht vorzugehen, und von hier aus (Tagebuch) die französische Besatzung in Nürnberg durch Kavallerie zu überfallen;

2 Bataill., 10 Esk. und der größte Teil des Reservegeschützes sollten in Neumarkt als Reserve bleiben,

endlich G.-M. Graf Nauendorf mit 6 Bataill., 16 Esk. und 6 Reservegeschützen bei Tagesanbruch (also wohl 3 Uhr) „eine forcierte Rekognoszierung gegen Pfaffenhofen bezw. Amberg vornehmen." (Angeli.)

Keine der einzelnen Heeres-Gruppen hatte zunächst also ein bestimmtes taktisches Ziel, eine bestimmte Gefechtsaufgabe. Die Führung der letzten Kolonne (Nauendorf) übernahm indessen der Erzherzog selbst, und er verleibte ihr am 24. früh noch 9 auf Vorpoſten ſtehende Schwadronen ein, ſo daß ſie an Kavallerie auf 25 Esk. kam. [1)]

Als der Erzherzog mit Nauendorf's Kolonne bei Pfaffenhofen in den ſchluchtartigen Hohlweg des Lauterach-Grundes eintrat, machte ſich am jenſeitigen Ausgang, dicht öſtlich Kaſtel, die dort kurz zuvor von Pielenhofen her angelangte Reiterdiviſion Bonnaud fühlbar, deren Bewegung gegen Kaſtel der Erzherzog übrigens noch am Abend des 23. erfahren hatte. Der Erzherzog ließ die Truppen aufmarſchieren; man wollte ſich „von der Zahl ſowohl, als der Abſicht des Gegners überzeugen"; überlegenes Artilleriefeuer und eine Bewegung öſter-reichiſcher Kavallerie über die Lauterach abwärts Kaſtel beſtimmten indeſſen Bonnaud ſehr bald den Widerſtand aufzugeben; er zog ſich ohne Verluſt gegen Amberg zurück.

Als der Erzherzog nun, wie er ſelbſt ſagt, „keine Hinderniſſe mehr zu ſeiner Vereinigung mit Wartensleben vorausſah", ſcheint er erſt den Moment für gekommen erachtet zu haben um über den größe-ren Teil ſeiner Streitkräfte endgiltig zu verfügen. Von Kaſtel aus, um halb 11 Uhr vormittags ergingen Befehle: „An Hotze, von Alt-dorf nach Lauf an der Pegnitz zu marſchieren, Bernadotte zu ſchlagen, und dann ein Detachement nach Hersbruck (alſo gegen Amberg zu) zu ſenden;

an Liechtenſtein, in Übereinſtimmung mit Hotze's Bewegung Nürnberg links liegen zu laſſen, und Pegnitz-aufwärts zu rücken;

endlich

an Sztarray, der Abteilung Hotze nach Lauf zu folgen und ſie dort zu unterſtützen." [2)]

[1)] Liechtenſtein hatte für dieſen Tag eines ſeiner 3 Bataill. an Nauen-dorf abgeben müſſen (Tagebuch), dieſer aber ſeither 9 Bataill. unter ſich gehabt, von denen 4 dem Inf.-Corps Sztarray's entnommen waren. 2 von den 16 Esk. Liechtenſtein's ſtanden noch an der Altmühl detachiert. Die 9 Nauendorf zugeleg-ten Vorpoſten-Esk. müſſen wohl von der Reſerve bei Neumarkt abgerechnet werden. Die Stärkeangabe für die einzelnen Gruppen nach Angeli (z. B. Hotze 8 Esk., Sztarray 8 Batail.) führt in Summa nicht auf den Geſamtſtand des Erzherzogs. Für Nauendorf gibt aber auch der Erzherzog beſtimmt 6 Batail., 25 Esk. an.
[2)] Angeli und ö. mil. Zeitſchrift 1847. Hinſichtlich der Verfügung über Sztarray übereinſtimmend mit dem 17. Abſchnitt im Werk des Erzherzogs. Nach dem 19. Abſchnitt wäre Sztarray bis zu dieſem Befehle bei Neumarkt ſtehen ge-blieben. Der Befehl an Liechtenſtein iſt nicht zur Durchführung gelangt. Die

Der Erzherzog selbst mit Nauendorf zog weiter; er gelangte, und zwar ohne nochmals in einen Kampf zu treten oder mit seinen 25 Schwadronen der viel schwächeren feindlichen Reiterei sonst Abbruch zu thun, über Urfenfollen bis an die dichte Waldzone, welche die zur Vils abfallenden Höhen vor Amberg krönt. Hier, bei Ullersberg ließ er die ermüdeten Truppen aufmarschieren. „Denn es war nicht ratsam, sich ohne vorläufige Rekognoszierung und ohne Wartensleben's Annäherung und Mitwirkung .... zu engagieren und gegen die feindliche Stellung heranzurücken."

Nach dem hier Vorgetragenen will es nun nicht recht gelingen, das Bild einer vollendeten kriegerischen Handlung zu gewinnen. Leicht konnten doch die Ereignisse einen Verlauf nehmen, welcher dem F.-Z.-M. Graf Wartensleben einige Enttäuschung bereitete über das, was von des Erzherzogs Seite am 24. geschah, nach dem, was er erwarten durfte, und was ihm hierüber abends vorher mitgeteilt war; Verlegenheit, zu einem Angriff „ohne alle Bedenklichkeit" beordert worden zu sein, während die Entlastung durch entsprechende Mitwirkung von der andern Seite so wenig kraftvoll ausfiel. Den Erzherzog hatte sein operatives Geschick und die Gunst der Verhältnisse in eine so vorteilhafte Lage zu Jourdan gebracht, wie sie selten einem Heerführer geboten wird; aber es ist nicht der ungestüme Drang, ja nur der Wunsch, selbst die Vernichtung über Jourdan zu bringen, das treibende Motiv für seine Maßnahmen an diesem Tag gewesen. Mag ein solches Bild ihm noch am 23. bei Neumarkt vorgeschwebt haben, es war am andern Morgen verblaßt; in dem Moment, in welchem der Erzherzog das letzte Hindernis zwischen sich und Jourdan beseitigt sah, ist die „Vereinigung mit Wartensleben" das Wünschenswerte, Erstrebenswerte geworden, und diesem bleibt das Wesentliche der Kampfaufgabe des Tags zugeschoben. Glaubte der Erzherzog in der That, daß am 24. ein großer Schlag gegen Jourdan im Pegnitz-Thal geschehen könne? Warum ging er dann nicht selbst mit hin? Oder wollte er vor allem andern bei Wartensleben drüben die Leitung

Reserve in Neumarkt scheint dort geblieben zu sein. Die ö. mil. Zeitschr. 1847 datiert die Befehle von halb 12 Uhr.

der Dinge diesem aus der Hand und in die seinige nehmen? Warum aber kam er dann mit so geringer Kraft, da er doch Wartensleben so wenig geneigt wußte zu einem ernsten Waffengang mit dem Gegner?

Von 28 Bataillonen, welche der Erzherzog über die Donau gebracht, hatte er also 18 oder 20 gegen die eine Division Bernadotte, oder vielmehr auf die Pegnitz-Thalstraße geleitet, auf Jourdans seitherige Rückzugsstraße, und zwar volle 8 Meilen von dem Punkte, wo er diesen am Vorabend vermuten, ja wissen mußte; und 6 hatte er bis an die feindliche Hauptmacht geführt. Hier nun mochte er sich allerdings zu schwach fühlen, um zunächst etwas anderes zu unternehmen als zu warten.

Wie der Erzherzog erzählt, hatte sich Jourdan am 23. früh zum Rückzug entschlossen; dies wird von letzterem bestätigt. Am 23. morgens erhielt er Nachricht über Bernadotte's Rückmarsch von Deining, und er „fühlte nun, daß er nicht mehr auf Moreau rechnen, daß nur eigene Kraft ihn aus seiner verdrießlichen Lage befreien könne." Er mag die Nacht für seinen Abzug vorgezogen und den Tag noch nötig gehabt haben, Train und Troß abzuschieben und die nach Nabburg, Pfreimt u. s. w., dann auf die Pilsener Straße vorgeschobenen Abteilungen (von der Division Lefebvre) zurückzurufen. So blieb er auch am 23. noch stehen. Den Entschluß zum Abzug mußte er fassen in der Kenntnis, daß der feindliche Oberfeldherr mit etwa 20,000 Mann dicht vor Neumarkt stehe[1]); und mit der Einsicht, daß er die Pegnitz-Thalstraße für seine Armee kaum mehr benützen, selbst bei augenblicklicher Umkehr nach Nürnberg nicht mehr vor den Österreichern kommen könne. Am 23. wurde also Train und Bagage in Marsch gesetzt, zunächst aber nur bis Sulzbach. Um 11 Uhr abends begann der Rückmarsch der Truppen, und zwar für die Division Lefebvre von Nabburg über Hirschau gegen Hahnbach, für die drei anderen Divisionen nach Amberg; die Vorposten blieben bis zum Morgengrauen als Arrieregarde an der Naab stehen[2]).

---

[1]) So stark — um 8000 Mann zu gering — hat Jourdan damals des Erzherzogs Heerteil geschätzt. Brief an Moreau vom 22. Aug.

[2]) Der Befehl für die ganze Bewegung ist in Jourdan's Memoiren mitgeteilt; er ordnet ihren Beginn für 10 Uhr abends, das Nachziehen der Arriere-

Graf Wartensleben war am 23. der Abzug von Bagagen nicht entgangen[1]); er ließ nachmittags zahlreiche Kavallerie über die Raab und gegen die französischen Vorposten vorgehen, Geschütz vom Drei= faltigkeitsberg spielen, sonst demonstrieren; Maßregeln, welche die Be= wegungen der Franzosen nicht beeinträchtigten. Eine Disposition aber war ausgegeben, welche am 24. um 3 Uhr morgens die Österreicher in drei Kolonnen über die Raab zum Angriff auf Jourdan's Corps führen sollte[2]). Von Mitternacht ab zogen die österreichischen Truppen bei Schwarzenfeld und Schwandorf über die Raab, sich drüben ord= nend und den Morgen erwartend. Sie trafen nur mehr die Arriere= garde der Franzosen an, welche um 3 Uhr morgens ihrem Gros nach= folgte. Mit der nötigen Abänderung der ursprünglichen Disposition traten hinter ihr die österreichischen Kolonnen den Marsch gegen Am= berg an.

Mit Sonnenaufgang des 24. wäre General Jourdan zu be= glückwünschen gewesen, daß er sich eben noch rechtzeitig einer gefahr= vollen Lage entzogen habe; den Marsch nach Sulzbach fortsetzend würde er wohl ohne allen Verlust davon gekommen sein. Graf War= tensleben hatte es nicht gelingen wollen ihn so festzuhalten, daß er von Neumarkt aus noch zu fassen gewesen wäre, wenn er sich nicht freiwillig dazu stellte.

Und gerade dies that Jourdan; er hielt — der Befehl für den Abmarsch ordnete dies bereits an — bei Amberg.

Es ist nicht leicht hiefür sehr gute Gründe anzuführen. Seine Lage zwischen beiden österreichischen Armeen wie das Gelände setzten ihn bei Amberg von vornherein in unerträgliche taktische Nachteile. Ein Blick in eine moderne Karte mag den Einwand erzeugen, daß das erstere Moment bis zu einem gewissen, freilich mindern Grade auch bei Sulzbach wirksam geblieben wäre, falls etwa der Erzherzog

---

garde auf Mitternacht an. Aus unbekannten Gründen sind diese Zeiten nicht eingehalten worden. Die Angabe des Erzherzogs, daß am 23. der Artilleriepark über Sulzbach und Velden, die Bagage über Vilseck geschickt worden sei, ist nicht zutreffend.

[1]) Der Dreifaltigkeitsberg gegenüber Schwarzenfeld und andere Höhen gaben einen vollkommenen Einblick in die franz. Aufstellung; diese „war derart, daß den Oesterreichern nichts unbemerkt bleiben konnte, was in ihr vorging."

[2]) Enthalten in der österr. mil. Zeitschrift 1847 und bei Angeli.

dahin bei Lauterhofen von der Amberger Straße abbog. Aber ab=
gesehen von anderen Gründen welche ein unmittelbares Zurückgehen
bis Sulzbach durchaus empfehlen mußten: es führte damals keine
Straße von Lauterhofen nach Sulzbach. Jourdan verwahrt sich da=
gegen, daß man ihm die Absicht unterschiebe sich bei Amberg zu
schlagen; lediglich die Rücksicht auf seine Reserve=Kavallerie habe ihn
veranlaßt bei Amberg auf sie zu warten. Denn seit ihrem Wegritt
nach Pielenhofen war er ohne Nachricht von ihr, und hatte auch den
Befehl, von Kastel die Richtung nach Bachetsfeld (westlich Sulzbach,
etwas südlich abseits der großen Straße bei Haid) einzuschlagen, nicht
durch die allgegenwärtige österreichische leichte Reiterei zu ihr durch=
bringen können. Er meint „hätte Bonnaud, dem Befehl vom 22.
abends gemäß von Kastel nach Amberg reitend, dort nicht ihn, sondern
Graf Wartensleben gefunden, so würde er der Gefangennahme nicht
entgangen sein." Man muß zugeben, daß der Reitergeneral sich in
einiger Verlegenheit befunden haben würde; kaum war er aber dann
in einer an sich schlimmeren Lage als die ganze Armee, dabei doch
ungleich beweglicher als diese; und es kann wohl keinem Zweifel unter=
liegen, daß sich das Haltmachen Jourdan's um auf die 800 Reiter
unter Bonnaud zu warten, aus keinem Gesichtspunkt rechtfertigen läßt.

Jourdan's Befehl für den Rückmarsch von der Naab und für
die bei Amberg zu nehmende Aufstellung führte zunächst die drei
Divisionen auf das rechte (westliche) Vils=Ufer; die weitere Aufstellung
daselbst ist aus ihm nicht zu ersehen, sie blieb der Einweisung durch
Adjutanten vorbehalten; nur eine Arrieregarde der Division Colland
sollte dicht vorwärts (östlich) Amberg am linken Vils=Ufer die vor=
liegenden Höhen, zunächst den Mariahilfsberg, und die Stadt selbst
mit einem Bataillon besetzen. Allein der Befehl gelangte in dieser
letzteren Hinsicht Verkehrsstörungen in Amberg halber nicht zur Durch=
führung; es blieb die ganze Division Colland zunächst auf der Ost=
seite der Stadt, und für die Divisionen Grenier und Championnet
erläutert Jourdan als wirklich eingenommen eine Aufstellung, welche
den linken Flügel in der Richtung auf Eglsee, den rechten am Wald
von Haag, vielleicht dicht östlich von Gailoh, gehabt haben mag, vor
sich die Vils und Wartensleben's Anmarsch, im Rücken die Straße
von Neumarkt her und den Erzherzog. Vortruppen dieser beiden
Divisionen, Reiterei und leichte Artillerie, standen vor der Front, etwa

zwischen Amberg und Köfering, leichte Infanterie hielt die Vils-Ufer bei Haslmühle besetzt. 3 Bataill. 8 Esk. waren auf der Straße nach Kastel gegen Ullersberg vorgeschoben zur Sicherung der rechten Flanke und zur Aufnahme von Bonnaud. Die Division Lefebvre hielt in der Gegend von Hahnbach, Front gegen Wartensleben, und hatte Ver= bindung mit Collaud aufzunehmen; eine ihrer Brigaden war übrigens von der böhmischen Grenze noch gar nicht zurück.

War die Aufstellung der Franzosen bei Amberg so, wie sie hier nach Jourdan's Angaben skizziert ist, so konnte sie allerdings Eines ganz unmöglich sein: eine Entwicklung zum Gefecht gegen Wartens= leben und den Erzherzog; und ebenso unmöglich ist es anzunehmen, daß Jourdan für den 24. auf der Straße von Kastel und Neumarkt her keinen Gegner vermutet haben sollte; diese Aufstellung konnte in der That nur einem zeitweiligen Halt der Armee entsprechen, aus dem der Weitermarsch angetreten sein mußte ehe jener letztere Gegner herankam.

Ganz wesentlich anders aber schildert der Erzherzog die fran= zösische Aufstellung hinsichtlich der Divisionen Grenier und Champion= net. Nach ihm wären dieselben am nördlichen Uferrand des Ammer= mühler Baches gestanden, linker Flügel an Amberg gelehnt, rechter über Fuchsstein bei Unter-Ammerthal, Front gegen seine, des Erz= herzogs Anmarschstraße. Es ist nun sicher beachtenswert, daß auch Angeli der gleichen Darstellung folgt. Er gibt die von Jourdan überlieferte Aufstellung der Divisionen Grenier und Championnet als die seiner ursprünglichen Absicht entsprechende, an deren Stelle aber „durch das rasche Vorrücken Wartensleben's, und den Anmarsch des Erzherzogs" eben die vom letzteren beschriebene getreten sei. Bei dem Verlauf, welchen der Tag nahm, ist es nun ziemlich gleichgiltig, wie beide Divisionen sich bei Amberg aufgestellt haben; nur liegt kaum irgend eine Veranlassung vor, Jourdan's Ueberlieferung für unrichtig zu halten[1]); und ist sie richtig, so ist auch die Kritik, welcher der Erz=

---

[1]) In der vom Erzherzog geschilderten Weise zeigt der zu seinem Werke gehörige Atlas die beiden Divisionen als „bei Amberg aufgestellt." Seine Dar= stellung ist bis auf Angeli in alle deutschen Schriften, auch in die österr. mil. Zeitschrift 1847 übergegangen. Es darf bemerkt werden, daß diese Darstellung dem für die Oesterreicher sehr begreiflichen Wunsch entgegen kommt, auch die Be= deutung der taktischen Vorgänge am 24. möglichst hoch zu stellen, diese zu einem

herzog die ganze Aufstellung unterzieht, und welche sie in keiner Beziehung aushält, ziemlich gegenstandslos. Eine Bemerkung indessen verdient, als auf des Erzherzogs Verhalten selbst zurückbezüglich aus ihr hervor=gehoben zu werden. Im großen Ganzen standen am östlichen (linken) Vils=Ufer, dem Ufer Wartensleben's, eine Division, am westlichen, dem des Erzherzogs, deren zwei; nur hatten letztere nach Jourdan's Angabe Front gegen Osten, also auch gegen Wartensleben, nach des Erzherzogs Annahme Front gegen Süden, d. h. gegen diesen letzteren. Hiezu meint nun der Erzherzog, der französische Feldherr habe „nach dem gewöhnlichen Kriegsgebrauch mit Recht vermutet, daß die größte Kraft und der Hauptangriff von der Seite herkommen würde, wo sich der feindliche Oberfeldherr befand[2]". Daß er sich hierin so gründlich als möglich täuschte — denn der österreichische Feldherr brachte ge=wissermaßen wenig mehr als eine persönliche Eskorte mit — ist von allen Mißgriffen, die mit der Aufstellung bei Amberg verbunden sein mochten, derjenige, welcher Jourdan am wenigsten zum Vorwurf ge=reichen konnte.

Ein Umstand freilich muß seiner Erklärung, was er mit dem Halt bei Amberg bezweckt habe, entgegen gehalten werden: seine Ver=fügung über die Trains. Der Befehl vom 23. zum Abzug von der Naab schließt mit der Anordnung: „Die Bagagen sind rückwärts Sulzbach zu senden, der Park bleibt daselbst." Dies letztere war ein schwerer Mißgriff, wenn die Absicht bestund, am 24. die Armee selbst nach Sulzbach zu bringen; er hat sich empfindlich gerächt.

F.=Z.=M. Graf Wartensleben rückte in zwei Kolonnen und einer rechten Seitenabteilung gegen Amberg vor. Die letztere, 1 Bataill., 3 Esk. ging über Schmidgaden und Ettsdorf gegen Aschach; die rechte Kolonne, F.=M.=L. Kray, mit 10 (9) Bataill., 22 (24) Esk. nahm den Weg Wolfring, Högling, Paulsdorf; die linke unter

„rangierten Gefecht", zur „Schlacht von Amberg", zu erheben. Gerade bei Angeli ist in Wahl des Ausdrucks, in Gruppierung und Betonung gewisser Vorgänge diese Neigung ganz unverkennbar.

Chuquet ist Jourdan's Angaben gefolgt.

[2] Eine ähnliche Bemerkung findet sich im Werk des Erzherzogs nochmal, bei seiner Rückkehr auf den Kriegsschauplatz im Donau=Gebiet, Mitte September, hier auf Moreau angewendet: „Der Wahn, daß eine größere Truppenzahl sich dort befinden müsse, wo der oberste Befehlshaber gegenwärtig ist."

unter Wartensleben selbst, 10 (13) Batail., 24 (22) Esk. verfolgte die große Straße von Schwandorf bis Gärmersdorf; eine dritte Kolonne, F.-M.-L. Staader, sollte über Ensdorf und Vilsthal-auf-wärts vorgehen, erlitt aber durch einen mißglückten Brückenbau an der Naab derartige Verzögerung, daß sie nach Amberg erst kam, als es dort nichts mehr zu thun gab.

In der Linie Krummbach — Moos — Lengenfeld vor Amberg ließ der Feldzeugmeister die Kolonnen aufmarschieren und Treffen for-mieren; Kray ward bei Raigering gegen Collaud's linken Flügel, die Kolonne Wartensleben's gegen seine Mitte bestimmt. Aus dieser Kolonne zweigte die Avantgarde ab, General Hadik mit 2 Batail., 20 Esk., um die Verbindung mit dem Erzherzog herzustellen. Hadik vertrieb die französische Postierung an der Vils bei Lengenfeld und Haslmühle, gewann die Höhe nördlich Köfering, und während seine Bataillonsgeschütze spielten, zog von Ullersberg General Nauendorf durch den Wald, der ihn noch von dem freien Gelände vor Amberg trennte. Seine und Hadik's Truppen schlossen sich zu einer Gefechts-linie zusammen, welche zwischen Rammertshof und der Sebastians-Kapelle südlich Amberg mit Front gegen den Ammerbach vorrückte.

Die Vereinigung des Erzherzogs mit Wartensleben war voll-zogen. Die am westlichen Vils-Ufer in Fühlung getretenen Truppen, an Infanterie 8 Bataillone, überschritten jene Höhen, auf welchen vom rechten französischen Flügel die Division Championnet — nun allerdings nicht mehr stand, sondern — gestanden hatte.

Denn Jourdan war mittlerweile abgezogen. Nach seiner Er-zählung gab er den Befehl zum Abmarsch nach Sulzbach, sobald er von Kastel her Nachricht von Bonnaud erhalten hatte, „glücklich von seiner Reiterei eingeholt worden zu sein." Bonnaud erhielt die Ver-fügung über die ihm entgegen gesandten 3 Bataillone u. s. w., bil-dete damit eine Arrieregarde gegen den Erzherzog und Hadik, ist aber mit diesen wohl nur mehr in Kämpfe von untergeordneter Be-deutung getreten.

Um welche Zeit der Weitermarsch angeordnet wurde, ist nicht bekannt; weder Jourdan, noch der Erzherzog oder Angeli geben Stunden an, und des ersteren Schilderung des Tags ist lückenhaft, teilweise verschleiert, und wahrscheinlich nicht ganz frei von dem Bestreben, den Halt bei Amberg überhaupt möglichst harmlos erscheinen zu lassen.

Thatsächlich verfügen wir für die Ereignisse bei Amberg kaum über eine einzige verläßige Zeitangabe während des ganzen Tages. Der Erzherzog soll um 4 Uhr nachmittags vor Amberg ein= getroffen sein[1]). Dies ist, obwohl er schon um ¹/₂11 bei Kastel die bekannten Befehle erließ, nicht außer der Wahrscheinlichkeit. Denn Nauendorf's Truppen, früh morgens vom Lager bei Neumarkt weg, hatten doch etwa 4 Meilen und das kleine Scharmützel bei Kastel hinter sich, ehe sie bei Ullersberg in den Halt von unbekannter Dauer vor jener Vereinigung eintraten, welche den Abschluß der vom Erz= herzog am 17. begonnenen Operation bezeichnete. Dieser Moment kann nicht vor den Nachmittagsstunden liegen, und so muß Jourdan's Abzug von Amberg — er konnte dort schon früh am Vormittag auf= marschiert sein — entsprechend eher fallen. Nun hat freilich Wartens= leben, der ja auch bei grauendem Morgen von der Naab weg antrat, bis an Jourdan heran kaum 20 km gehabt, und doch ist ein ernster Druck auf dessen linken Flügel, wie es scheint, nicht vor nachmittags, d. h. eben nicht vor des Erzherzogs Ankunft ausgeübt worden. Der letztere erzählt beim Aufmarsch der Truppe Nauendorf's bei Ullers= berg: „Aber bald sah man Wartensleben's Angriff, und auch von seiner Seite wurde die Kolonne des Erzherzogs entdeckt." Und so wird eben auch der ohnehin nicht allzu ungestüme Wartensleben mit seinem Angriff zurückgehalten haben, wartend auf jene Vereinigung, von der der Erzherzog sagt, sie habe „ebensosehr den Mut des Sol= daten belebt und die Zuversicht seiner Anführer vermehrt, als im ent= gegengesetzten Sinn auf Jourdan gewirkt."

---

¹) So ist angegeben in den sonst mangelhaft unterrichteten und nicht ver= läßigen „Szenen aus der Geschichte des Husaren=Regiments Szekler." Oe. mil. Zeitschr. 1847.

Weitere zeitliche Anhaltspunkte mögen die Schilderungen in „Napp, Kampf Österreichs u. s. w." abgeben. Darnach sollen zuerst gegen 10 Uhr vormittags Österreicher von Raigering her bei Amberg mit den Franzosen handgemein ge= worden sein.

Dann heißt es an anderer Stelle: „Schon war die Mittagsstunde bald vorbei, und die Franzosen machten zur Retirade noch keine Miene." Ferner: „'. nach 3 Uhr war es, da der Hofkammerbote .... B. mit Beihilfe der Gans= wirtsmagd das .... verrammelte Nabburger Thor öffnete. Augenblicklich stürzten kaiserliche Husaren und Ulanen in die Stadt."

Letztere Zeitbestimmung gibt auch der „Kriegsschauplatz in der oberen Pfalz."

Jedenfalls sind auf französischer Seite die Divisionen Grenier, Championnet und Bonnaud abgezogen ohne angegriffen worden zu sein; nur Championnet's Arrieregarde ist von der Sulzbacher-Straße ab und auf Seitenwege gedrängt worden. Auch die Division Collaud, zum Ausharren an der Ostseite Amberg's genötigt, bis die Westseite für sie frei war, hat den ihr von der ganzen Kraft Wartensleben's drohenden Stoß nicht mehr erhalten; aber ihre Arrieregarde unter General Ney geriet vor Amberg, mehr noch auf den Höhen am Aus= gang nach Sulzbach, trotz eines, wie es scheint, geschickten Gebrauchs der Artillerie in den Abendstunden arg in's Gedränge, und bei ihrem weiteren Abzug sind dann in der Nähe von Witzlhof an der Sulz= bacher-Straße 2 Linien-Bataillone von Habit's und Nauendorf's Ka= vallerie zusammengehauen worden. 2 Fahnen und etwas über 700 großen= teils durch Säbelhiebe verwundete Gefangene blieben hier Trophäen der Sieger[1]).

Allein wie wenig entsprach dieser Ausgang des 24. der allge= meinen Lage, in der sich Jourdan in den letzten Tagen befunden hatte; wie wenig auch der Überlegenheit der Österreicher an Kavallerie, welche bei Amberg auf etwa 50 Eskadronen veranschlagt werden darf!

Jourdan's Armee hielt zunächst bei Sulzbach, 1½ Meilen vom Gefechtsfeld; die Division Grenier (der Erzherzog nennt Championnet) bei Bachetsfeld; Lefebvre scheint bei Hahnbach, 1 Meile vom Gros geblieben zu sein; noch in der Nacht aber zum 25. brach die ganze Armee wieder auf. Die österreichischen Truppen nächtigten bei Amberg; dort nahm auch der Erzherzog Quartier; er hielt um 6 Uhr abends seinen Einzug in die Stadt[2]); die Vortruppen waren bis Ursula Poppenricht (nördlich Amberg), Rosenberg (3 km vor Sulzbach), Dittersberg (westlich Amberg) gelangt.

Vervollständigen wir das Bild von der allgemeinen Lage am Abend des 24. durch einen Blick auf die übrigen Heeresteile.

---

[1]) Schilderung des Gefechts und seiner Vorgeschichte, an Einzelheiten reicher als bei Angeli und im Werk des Erzherzogs, in der österr. mil. Zeitschrift 1847. Jourdan gibt seinen Gesamtverlust am 24. auf 1800 Mann an; auch hier sind Ausreißer und Abgänge der nächsten Tage inbegriffen. Die österr. Verlust= listen geben für die Tage vom 20. bis 24. 18 Offiziere, 329 Mann. (Angeli.)

[2]) Dies gibt der „Kriegsschauplatz in der oberen Pfalz" an.

F.-M.-L. Hoße war um 2 Uhr nachmittags bei Altdorf ver=
sammelt und nach 3 Uhr des Erzherzogs Befehl gemäß von dort
wieder aufgebrochen; nach etwa 2 Stunden Wegs bis Leinburg gelangt,
hielt er. Der Wald zwischen Haimendorf und Lauf, 4 km weiter
nördlich, erwies sich von Vortruppen Bernadotte's besetzt, welche zurück=
zuwerfen einer Abteilung Hoße's bis zum Abend nicht gelang.
Gefangene sagten aus, daß die Division Bernadotte noch bei
Lauf stehe. Nun kam zwar F.-M.-L. Sztarray mit dem Hauptteil
der Erzherzoglichen Truppen und dem Auftrag Hoße zu unterstützen,
auf dem gleichen Weg nach, und war bis Röthenbach gelangt, etwa
18 km von Neumarkt, und noch eine starke Meile vom Feind. Aber
F.-M.-L. Hoße verschob den Angriff auf den folgenden Tag, und so
hat dieser Hauptteil seiner Kraft, welchen der Erzherzog sicher in der
Überzeugung, den bestmöglichen Gebrauch von ihm zu machen, hier
nach der Pegnißthalstraße warf, am 24. diese Straße und den Feind
an ihr nicht einmal erreicht [1]).

Um so rühriger war Liechtenstein. Gegen Mittag zu Feucht
angelangt, ließ er von hier aus die eben im Abzug begriffene fran=
zösische Besaßung von Nürnberg (1 Bataillon) überfallen, verfolgte
sie unter allerlei Zwischenfällen Regniß=abwärts bis Baiersdorf, und
bestand an der Pegnißbrücke bei Mögeldorf (nahe östlich Nürnberg,
an der Straße nach Lauf) noch spät abends ein scharfes und glück=
liches Scharmüßel. Dorthin hatte er, auf ein falsches Gerücht, Hoße
sei in Lauf und habe dies frei vom Feinde gefunden, alles was ihm
von Truppen zur Hand war, zur Absperrung der Pegnißthalstraße
gestellt, und nun wurde dieser Posten überraschend angefallen von
Vortruppen Bernadotte's, welche wahrscheinlich für den nächtlichen
Abmarsch ihrer Division die große Straße nach Erlangen frei machen
sollten. Sie drangen nicht durch, trotzdem Bernadotte sich persönlich

---

[1]) Jourdan sagt: „Bernadotte ward am 24. bei Lauf schwach angegriffen.“
Nach der ö. mil. Zeitschrift hätte Hoße bei Haimendorf, Sztarray bei Leinburg,
also 1 Meile näher am Feind genächtigt. Der Weg von Neumarkt über Altdorf
war sandig und mühsam; aber Tags zuvor hatten ihn Bernadotte's Truppen
nach einem Gefecht bis Lauf hinter sich gebracht. Die Befehlsbeziehungen zwischen
Hoße und Sztarray, die hier auf derselben Straße standen, prägen sich in den
Vorgängen nicht klar aus. Nach der Art, wie der Erzherzog und Angeli darüber
zum 24. und 25. berichten, sollte man meinen, Hoße sei der ältere General ge=
wesen. Aber gerade das Umgekehrte war der Fall.

bemüht haben soll. Liechtenstein blieb zur Nacht bei Mögeldorf, während die Division Bernadotte, Hoße und Sztarray bei Lauf das Nachsehen lassend, noch in der Nacht auf Seitenwegen das Regnitz= thal gewann, und am 25. morgens in der Nähe von Forchheim an= langte. 30—40 der in Nürnberg stehen gebliebenen Geschütze, ein paar hundert Gefangene und reiche Vorräte belohnten Liechtenstein's und seiner Husaren Unermüdlichkeit[1]).

Die geschilderten Vorgänge werden von der Kriegsgeschichte in der Regel als „Schlacht bei Amberg" bezeichnet; auch ihr letzter Be= arbeiter, Angeli, bedient sich ausschließlich dieser Benennung. Insoferne die Ereignisse des 24. einen wesentlichen und bleibenden Wendepunkt in den Operationen bedingten, wäre diese Bezeichnung dem militärischen Sprachgebrauch nach wohl gerechtfertigt; und dies um so mehr, als sie für die damaligen Verhältnisse auch durch die Zahl der beiderseits in Berührung gewesenen Truppen angemessen erscheine; allein dem eigentlichen Wortsinn läuft es durchaus zuwider. Denn es ist bei Amberg ziemlich wenig geschlagen worden, und es ist Niemand ge= schlagen worden. Jourdan ging schon vor einem ernsten Ringen der beiderseitigen Kräfte, weil er vorher schon einsah, er müsse gehen; es ist nicht sein Wille mit seiner kriegerischen Kraft durch Waffen gebrochen worden, sondern sein Intellekt war durch den Zwang der Verhältnisse zum Entschluß des Weggehens gebeugt. Mit dem Tag, an welchem der Erzherzog von der Donau her die Altmühl erreicht hatte, mit seinem Vorgehen gegen Neumarkt war Jourdan's Abzug unvermeidlich, auch ohne ein Schlagen; um auch in dieser allgemeinen Lage der Sieger zu bleiben, hätte er ein Anderer und an der Spiße anderer Führer und anderer Truppen sein müssen. Nur erfuhr er so spät mit unzwei= deutiger Gewißheit, welches seine wahre Lage sei, daß es weniger mehr bei ihm als bei seinem Gegner stand, ob er sich zum Schlagen in den denkbar ungünstigsten Verhältnissen gezwungen sehen sollte oder

---

[1]) Liechtenstein=Tagebuch und „Szekler=Husaren" in der österr. mil. Zeit= schrift 1847; dann Hußelmann.

Die Vorstädte Nürnberg's waren schon vor der franz. Invasion, und noch zu dieser Zeit, von preußischen Truppen besetzt.

nicht. Sein Gegner verringerte selbst die Wucht des vorbereiteten Schlags, je näher er Jourdan kam, und ließ ihm Zeit, der Gefahr völlig auszuweichen; Jourdan benützte die Frist, aber er ging nicht weit genug, nichts zwang ihn bei Amberg zu halten. Da wurde er denn noch ein wenig zerzaust, das aber ist keine Schlacht zu nennen. Der Erzherzog selbst bedient sich zum 24. August nur der richtigeren Bezeichnung „Treffen" und sagt von ihm, „daß es zu jenen gehöre, welche entschieden sind, ehe noch die Armeen nahe genug aneinander kommen, um handgemein zu werden, weil ihre Entscheidung durch die vorläufigen Manöver herbeigeführt und bestimmt wird" [1]).

Hierin liefert uns der erlauchte Autor auch zugleich das zu= treffende Wort zur Kennzeichnung der ganzen Handlung: Jourdan ist durch das Manöver zum Rückzug gezwungen worden, er wurde von der Naab, von der Vils, über den fränkischen Jura wegmanövriert. Ein Manöver war es, wenn der Erzherzog den größten Teil seiner Kraft am 24. auf die seitherige Rückzugslinie seines Gegners warf, an einen Punkt, von dem er sicher wußte, daß die feindliche Haupt= macht nicht dort sei; ein Manöver, wenn er sich für „eine entscheidende Operation" seiner besten Gefechtskraft in dem Moment entäußerte, in dem er hoffen konnte, handgemein mit seinem Gegner zu werden, ihm gegenüber mit der Schlagkraft seiner Truppen auch das Gewicht seiner Persönlichkeit einzusetzen. Und dies zu keinem andern Zweck, als um eine sogenannte strategische Linie so stark als möglich an sich zu reißen, von der noch Gebrauch machen zu wollen, vom Gegner mehr als Verwegenheit sein mußte; um etwa Früchte eines vollwichtigen Sieges einzuheimsen, da wo noch keiner erfochten, ja wo kaum einer erstrebt war. Und es war ein Manöver, das seinen Urheber stets befriedigt

---

[1]) Nur die zugehörige Kapitel=Überschrift im Werk des Erzherzogs lautet „die Schlacht von Amberg". Es ist daher nicht ganz gerechtfertigt, wenn Jourdan gerade dem Erzherzog gegenüber in spöttischen Worten den „pomphaften Titel Schlacht" und den zu dessen Werk gehörigen „schönen Plan" des Gefechts ablehnt. Dieser Plan freilich, mit all' seinen Übertragungen in andere Schriften ist nur sehr bedingt als ein historisches Dokument zu betrachten. Angeli sagt, daß Jourdan bei Amberg „seiner höchst gefährlichen Lage nur wie durch ein Wunder entging," und später „Jourdan war (bei Amberg) weder geschlagen, noch sein Verlust so beträchtlich, um nicht . . . . wieder kampfbereit sein zu können."

hat[1]). Kein Wort des Bedauerns ist beim Erzherzog zu finden dar=
über, daß Jourdan wie Bernadotte so leichten Kaufs davongekommen
waren. Voll des edelsten Freimuts nimmt der Erzherzog keinen
Anstand, wir sahen es beim 22. August und werden es ferner be=
merken, sich selbst zu tadeln, wo er nicht genug, nicht das Richtige
gethan zu haben glaubt; hier aber spricht aus seinen Worten das
ruhige Selbstbewußtsein des Mannes, der sein Thun vor seinem Ge=
wissen geprüft und gut gefunden hat. „Der Erzherzog — am
24. abends — ließ die Armee in der vom Feind verlassenen Stellung
aufmarschieren; sein Zweck war erreicht." Und weiter beim Überblick
über den 24. und seine Vorgeschichte: „Die Operation des Erzherzogs
war zweckmäßig . . . obwohl sie im Widerspruch mit dem Grundsatz
der Kriegskunst zu stehen scheint: jedes Manöver zu vermeiden, dessen
Erfolg vom Zusammentreffen entfernter und isolierter Kolonnen ab=
hängt"[2]. Auch an anderem Ort gebraucht der Erzherzog beim Rück=
blick auf den Tag von Amberg die Wendung, daß „sein Zweck erreicht"
war. Und unmittelbar darauf erhalten wir die Begründung, die An=
gabe, worin der am 24. erreichte Zweck vornehmlich zu suchen sei:
„weil nun sein (des Erzherzogs) linker Flügel näher an der Rückzugs=
linie der feindlichen Armee war als die Franzosen"[3]. Auch von
Hotze's und Sztarray's Leistung wird in solcher Weise gesprochen,
daß sie dem vorbedachten Plan harmonisch sich einfügend, nichts zu
wünschen übrig lassend erscheint: „Hotze erreichte den Wald von Lauf,
griff die Truppen der Bernadotte'schen Division in demselben an und
zwang sie zur Räumung in der nämlichen Nacht." Freilich, Bernadotte

---

[1]) Ebenso die öffentliche Meinung der Zeit. Posselt 1796, Oktober: „So
hatte nicht irgend eine blutige Hauptschlacht, sondern eine Reihe einzelner Gefechte,
und vorzüglich die weisen Manöver des Erzherzogs Carl den Rückzug jener furcht-
baren Sambre-Maas-Armee entschieden, deren Name selbst Erinnerung an große
Thaten war."

„Erzherzog Carl erschien, wie aus dem Olymp gekommen, mit einer
fürchterlichen Kriegsmacht plötzlich und unerwartet vor den Augen des Feindes."
(„Kriegsschauplatz u. s. w.")

[2]) Es mag scheinen, als sei dieser Grundsatz zu der hier vorliegenden
Operation nicht ganz mit Recht angerufen; der Erzherzog selbst entkräftet ihn in
den auf die angeführte Stelle folgenden Ausführungen.

[3]) Geschichte des Revolutionskriegs.

war ja auch abgezogen, noch weniger durch Waffengewalt gedrängt als Jourdan[1]).

Besonderer Wert wird nicht nur vom Erzherzog auf die ge= lungene Vereinigung des Wartensleben'schen linken Flügels mit Nauen= dorf's Truppen im Angesicht des Feindes auf dem Gefechtsfeld gelegt; auch manche andere österreichische Schilderung des Tages rühmt sie als einen Triumph überlegener Feldherrnkunst[2]). In Wahrheit aber ward von der Hand, die sich Wartensleben von Kastel her bot, mit 6 Bataillonen doch gar zu wenig dargereicht, — hätte Jourdan nicht eben sehr viel mehr in dieser Hand vermuten müssen —, und die Gros der beiden österreichischen Armeen standen am 24. abends, hier bei Amberg, dort zwischen Altdorf und Lauf, so wenig vereinigt, als Tags zuvor. (Skizze 2.)

So sehr die Geschichte den großen strategischen Erfolg anerkennt, den der Erzherzog durch seine Operation vom 17. bis 24. August in der endgiltigen Trennung beider feindlichen Armeen und durch den erzwungenen Rückmarsch der einen erzielte, so sehr sie mit Befriedigung und Stolz dieser Leistung deutschen Feldherrntums, mit Dankbarkeit der Befreiung deutschen Bodens von der republikanischen Invasion gedenkt, so sehr darf sie auch in heutiger Auffassung vom Kriege be= dauern, daß dieser strategische Erfolg bei Neumarkt, bei Lauf, und vor allem an der Raab oder bei Amberg nicht mehr vom taktischen begleitet worden ist. Es war möglich, Jourdan in der empfindlichsten Weise zu schlagen; in für ihn so außergewöhnlich ungünstigen strateg= ischen Verhältnissen, daß Grad und Folgen dieser seiner möglichen Niederlage gar nicht abzusehen sind. Es ist nicht geschehen. Der Eindringling war zurückgejagt, aber nicht in einer Weise, die ihm das Wiederkommen hätte sonderlich verleiden können; er war bei Seite geschoben. Dem Manöver war mehr Wert beigemessen, mehr

---

[1]) Selbst wenn der Erzherzog unzufrieden mit dieser Leistung seiner Generale gewesen wäre, hätte er sich übrigens vielleicht nicht anders ausgedrückt; er hat lieber sich selbst getadelt als Andere. Angeli: „Auch am linken Flügel hatten die Operationen der einzelnen Korps günstigen Erfolg."

[2]) Angeli: „In befriedigender Weise hatte die Schlacht bei Amberg jene Operationen abgeschlossen, durch welche Erzherzog Carl die Vereinigung der beiden Armeen herbeizuführen suchte."

Sorgfalt und Kraft zugewendet worden, als dem Schlagen. In ein
günstiges Verhältniß zur feindlichen Rückzugslinie gelangt zu sein;
ward als ein an sich zulänglicher Zweck und Erfolg der Anstrengungen
einer Woche und einer Operation empfunden, bei der doch im Glücken
oder Mißlingen Gewinn oder Verlust des ganzen Feldzugs auf dem
Spiel stand. Bald aber mag der österreichische Feldherr gefühlt
haben, daß die endgültige Abrechnung auf der Walstatt nicht erspart
sei, und daß die Kampfesarbeit, welche bei Amberg nicht geschehen
war, an andrem Ort nachgeholt werden müsse.

IV.
25. bis 28. August.
(Marsch der Franzosen nach Forchheim.)

Die Schwierigkeit der Lage für Jourdan bestand vornehmlich
in dem Mangel an brauchbaren Wegen, um seinen Rückzug von
Sulzbach ohne Benützung der großen Straße über Hersbruck und
Lauf weiterzuführen. Es scheint allerdings gewiß zu sein, daß am
24. morgens, und vielleicht schon am 23. Teile der Bagagen ihren
Rückmarsch von Sulzbach weg noch auf der großen Straße über
Hersbruck antraten und bis gegen Lauf, d. h. bis in die Nähe der
Division Bernadotte kamen. Allein dort kehrte alles auf derselben
Straße um und zog dann bei Hohenstadt nördlich abbiegend über
Vorra (Forach) ins obere Pegnitzthal gegen Velden[1]. Die bisherige
Rückzugsstraße Nürnberg-Würzburg war Jourdan genommen; hier=
über scheint er im Laufe des 24. durch Berichte von Bernadotte ver=
gewissert worden zu sein; und so blieb ihm zunächst keine andere
Richtung als die möglichst gerade Linie unmittelbar an die Regnitz
bei Forchheim; er durfte von Glück sagen, wenn er nicht zu noch
weiterem Ausholen nach Norden gezwungen ward. Daß die Division
Bernadotte sich im Regnitzthal, bei Forchheim hielt — sie kam dort,

---

[1] Dies geht außer aus Andeutungen in den Werken Jourdan's und des
Erzherzogs hervor aus den von „Rapp, Kampf Österreichs u. s. w." überlieferten
Erzählungen der am 24. morgens von Amberg fortgeschleppten Brandschatzungs-
Geiseln; auch sie gingen über Hersbruck bis gegen Lauf, um dann umzukehren.
Was sie dann von ihrem weiteren Weg über Vorra, Velden, Plech und Eber-
mannstadt berichten, gibt einige Vorstellung von der Mühsal des Marsches durch
den fränkischen Jura zur damaligen Zeit.

wie erwähnt, am 25. morgens an — war für das Schicksal der Armee von größter Bedeutung. Jedenfalls mußte von Sulzbach aus der fränkische Jura durchzogen werden, und der war damals eine sehr unwegsame Berglandschaft, auch in weit größerer Ausdehnung bewaldet als heute. Straßen in ihm gab es nicht; insonderheit nicht von Sulzbach nach Velden und Plech; schlechte Feld- und Waldwege vermittelten den spärlichen Verkehr; die einzige ohne weiteres für Fuhrwerk taugliche Verbindung gegen Westen war eben die Straße über Sulzbach nach Hersbruck und Lauf, und auch diese stellte ein langes Defilee durch unwegsame Wälder dar; das Gebirg selbst galt allgemein als für Armeen kaum gangbar.

Jourdan leitet seine Schilderung des Rückmarsches von Sulz= bach mit den Worten ein: „Die Lage des Heeres ward mit jedem Augenblick schwieriger." Sie würde es weit weniger gewesen sein, wären die Verhältnisse hinter der Front rechtzeitig und umfassend klar gelegt worden; jetzt hatte man Trains und Geschützparks auf dem Hals, und mußte sich auf gut Glück nach den zweifelhaften An= gaben der Ortseinwohner in das Walddunkel des Jura werfen[1]).

In Jourdan's Memoiren ist der Befehl vom 24. abends für den Abmarsch von Sulzbach mitgeteilt; er sollte die ganze Armee bis zum 25. morgens hinter der oberen Pegnitz bei Velden vereinigen; der zweite Nachtmarsch.

Um 9 Uhr abends des 24. setzte sich der große Park in Be= wegung gegen Velden; er sollte nach Gräfenberg. Um Mitternacht folgten die Truppen, um 2 Uhr morgens die Arrieregarde[2]). Der

---

[1]) Zweifellos liegen hier schwere Versäumnisse vor; im allgemeinen aber darf man bemerken, daß die Franzosen in ganz fremdem Lande, und nur sehr mangelhaft mit Karten versehen waren, selbst wenn es von diesem Teil des Kriegs= schauplatzes brauchbare gegeben hätte. Wo wir die Karte befragen, mußten sie, und zwar nicht selten der Feldherr selbst, langwierig erkunden. Viele Äußerungen Jourdan's bestätigen dies. Auffallende Verzögerung und Unsicherheit in den Be= wegungen, Mißgriffe in Wahl der Wege und Marsch=Zielpunkte konnten sie auf diese Umstände mit mehr Berechtigung zurückführen, als ihre Gegner.

[2]) Diese Zeiten sind bestätigt im „Kriegsschauplatz in der oberen Pfalz"; ebenso bei „Rapp, Österreich's Kampf u. s. w." Jourdan selbst ritt mit dem Stab um Mitternacht von Sulzbach weg.

General Kleber war seit 8. August in Forchheim krank gelegen, und erst am 24. wieder zur Armee gekommen.

Der Erzherzog ist nicht sehr gut über den ganzen Marsch unterrichtet.

Marsch der Truppen geschah in 2 Kolonnen; die eine unter General Kleber, Divisionen Collaud und — von Hahnbach ab — Lefebvre, sollte auf der Bayreuther Straße bis Vilseck, dann über Boden, Wegschaid, Mitteldorf, Engenthal nach Velden[1]); Jourdan selbst mit der Reiter-Division Bonnaud, diese voraus, dann folgend die Divisionen Championnet und Grenier nahm ebendahin den Weg über Holenstein und Achtel; beide Kolonnen hatten auf den gleichen Wegen die Truppen-Bagagen und Positionsgeschütze voraus zu senden. Es scheint aber, daß die Bagagen der Kolonne Kleber zum großen Teil auch auf den der Kolonne Jourdan's zugewiesenen Weg geraten sind. Diese letztere lief auch sehr bald auf Trains aller Art und Artillerie-Parks auf; von Achtel ab bis Velden, dort über die Pegnitz und weiter nach Plech erwies sich der Weg als völlig unbrauchbar für Fuhrwerk; man mußte über Hirschbach und Vorra ausbiegen, um auf dem engen Pegnitzthalweg nur erst nach Velden zu gelangen, fand aber auch diesen Thalweg völlig verfahren von jenen Bagagen, die von der großen Straße umkehrend bei Hohenstadt nach Vorra und Velden abgebogen waren. Die Lage war höchst bedenklich, eigentlich verzweifelt; eine Verfolgung durch die Österreicher von Sulzbach her, und einer Katastrophe war kaum zu entgehen[2]).

Jourdan sandte zu Kleber, er solle zu Vilseck Halt machen, um dort „zur Hand zu bleiben," d. h. um im Notfall die festgefahrene Hauptkolonne herauszuhauen. Aber Kleber sah sich bei Vilseck bald aller Verbindung mit Jourdan durch österreichische Husaren beraubt, und setzte am 25. abends auf eigene Faust den Marsch fort nach Pegnitz; vermutlich weil er die ihm zuerst vorgeschriebenen Wege, und auch den über Kürmreuth und Königstein unbrauchbar fand. Jourdan's Kolonne aber nahm am Morgen des 25. eine gruppenweise Aufstellung bei Achtel, bei Vorra und Engenthal, abwartend, was der Feind bis zur Beseitigung der Marschhindernisse über sie verhängen würde. Aber der Zug der österreichischen Kolonnen ging von Sulzbach nach Hersbruck und Lauf, kaum eine Meile an Vorra vorbei; von Sulz-

---

[1]) Engenthal an der Pegnitz, oberhalb Velden; die übrigen drei Orte sind auf modernen Karten nur mühsam zu finden; es sind abseits liegende Weiler und Einzelhöfe, südlich des Weges Vilseck—Kürmreuth—Königstein.

[2]) Chuquet: „une retraite qu'il était possible de changer en déroute par une poursuite un peu vigoureuse."

bach her im Rücken wie im Pegnitzthal aus der Flanke blieben die
Franzosen im Wesentlichen unbehelligt. Bei Vorra fuhr man alle
entbehrlichen Landkarren und Marketenderwagen, „geplündertes Gut“,
wie Jourdan selbst sagt, zu einer Thalsperre ineinander; dahinter,
auf neu gebahnten Wegen, brachte man Geschütz und Gepäck mühsam
über Velden nach Plech, und in der folgenden Nacht, vom 25. zum
26. — es war der dritte Nachtmarsch — zog Jourdan weiter.

Championnet kam nach Hilpoltstein und Gräfenberg, Grenier
und Bonnaud nach Betzenstein; bis zum 27. morgens gelang es auch,
die zwei Divisionen Kleber's von Pegnitz ebendahin heranzuziehen.
Der 27. bereits fand Grenier, Championnet und Bonnaud am rechten
(nördlichen) Ufer der Wiesent; Jourdan's Hauptquartier war in Pretz=
feld; er ist dort von österreichischer Reiterei aufgeschreckt worden.
Kleber's Truppen konnten aber nicht ebensoweit gebracht werden; sie
trafen erst am 28. hinter der Wiesent ein[1]). Hier nun nahm Jourdan,
auch mit Bernadotte wieder vereint, eine Aufstellung auf den Höhen
des rechten Ufers; Collaud und Lefebvre von Ebermannstadt bis
Weilersbach, von da bis an die Regnitz hinter Forchheim Grenier
und Championnet. Bonnaud lagerte bei Eggolsheim. Die Division
Bernadotte wurde am gleichen Tag nach Altendorf, gegenüber Senß=
ling, zurückverlegt; ebenda, an der Straße nach Bamberg, lag der
große Park. In der Front schwer angreifbar, in der rechten Flanke
durch die Regnitz geschützt, mochte Jourdan ein Tag der Ruhe er=
wünscht sein; aber längst stand der Feind auf den Straßen nach
Würzburg, und in der Nacht vorher war im Rücken Bamberg von
österreichischen Husaren überfallen worden. Immerhin hatte Jourdan
ohne irgend ein nachteiliges Gefecht, ohne nennenswerte Einbuße an
den Feind, wenn auch unter fortwährenden Nadelstichen der feindlichen
leichten Reiter, seine 5 Divisionen vereinigt; die Truppen aber konnten
auf eine harte Zeit und auf eine große Leistung zurückblicken.

Das innere Gefüge der Armee freilich begann sich zu lockern;
Jourdan fand es nötig, am 28. einen Offizier, den General=Adjutant
Mireur, nach Bamberg zu senden, um Marodeurs, Ausreißer u. dgl.
mit Etappentruppen zu geschlossenen Körpern zu vereinigen. Und ein

---

[1]) Jourdan macht Kleber den Vorwurf, ihn durch sein Ausbiegen über
Pegnitz um einen Tag gebracht, und so das Mißgeschick des 29. verschuldet zu haben.

weiteres bedenkliches Symptom hatte sich eingestellt: die Bevölkerung erhob sich gegen ihre flüchtig gehenden Peiniger, und kein Franzose, der sein Leben lieb hatte, durfte sich fortab auf dem Lande außerhalb der Truppengemeinschaft mehr betreten lassen[1]). Die Armee nahm ihre Rache u. A. dadurch), daß sie auf dem ganzen weiteren Rückzug all= täglich einige Dörfer in Flammen aufgehen ließ.

Auf österreichischer Seite hatte man, trotzdem die Vorposten kaum 3 km vor Sulzbach standen, den nächtlichen Abmarsch der Franzosen nicht bemerkt. Am Vormittag des 25. streifte leichte Reiterei unter General Nauendorf nördlich gegen Vilseck, unter Hadik westlich gegen Poppberg; dazwischen rückte ein Teil der Wartensleben'schen Truppen unter F.=M.=L. Kray nach Sulzbach vor. Es war unschwer, in Sulzbach zu erfahren, wohin Jourdan's Marsch gerichtet sei. So= bald der Erzherzog hierüber unterrichtet war, sandte er an Hotze die Weisung, die Division Bernadotte mit einem Teil seiner Truppen festzuhalten, mit dem Gros Jourdan bei Gräfenberg den Weg zu verlegen. Sztarray sollte Hotze als Unterstützung folgen, und Kray von Sulzbach bis Hohenstadt weiterrücken, sich von dort dann mit Hadik vereint Pegnitz=aufwärts gegen Velden wenden; ebendahin von Sulzbach aus eine kleine Abteilung (2 Komp., 2 Esk.) dem Feind unmittelbar durchs Gebirge folgen[2]).

---

[1]) „Alle kleineren Truppen fanden itzt .... in den Bauern .... noch weit furchtbarere Feinde, als selbst in den österreichischen Kriegern; denn kein Pardon war von dem Bauern zu hoffen, den zugleich Gewinnsucht und Rachgier spornte und dem einen Welschen kalt zu machen noch ein verdienstlich Werk schien." (Poffelt.) Es sind aber auch Fälle überliefert, wo die Bevölkerung selbst sehr starke, vollkommen geschlossene Trupps angriff. Insbesondere in der Nähe von Kemnath. Vergl. „(Pöllath)" der 26. August 1796, ein denkwürdiger Tag für die Stadt Kemnath. Ebenda 1845." Dann auch „Kriegsschauplatz in der oberen Pfalz." Das Land war durch Transporte, Marodeurs u. s. w. weithin, und bis in diese Gegenden in Mitleidenschaft gezogen. Besonders eindrucksvoll sind die Schwierig= keiten, welche der Armee durch die Teilnahme des Landvolks am Krieg im frän= kischen Jura und weiterhin erwuchsen, geschildert in den Memoiren des Mar= schalls Ney.

[2]) Angeli; der Erzherzog übergeht alle diese Anordnungen. Nach Angeli vermutete der Erzherzog die Division Bernadotte noch bei Lauf; trotz des Befehls an Hotze vom Tag vorher?

Allein am Nachmittag liefen im Hauptquartier zu Amberg zwei Nachrichten ein, welche dem Erzherzog erst bestimmte Grundlagen für weitere Verfügungen lieferten.

Hoge, der schon um 3 Uhr morgens gegen Lauf vorgerückt war, Bernadotte aber selbst durch seine Reiterei nicht mehr hatte einholen können, meldete aus Lauf den Abmarsch der feindlichen Division nach der Regnitz-Thalstraße; und Graf Latour berichtete über das unglückliche Treffen bei Friedberg am 24., das ihm die Lechlinie entrissen und Moreau den Eintritt nach Bayern freigegeben hatte.

Die erste Nachricht ließ die beabsichtigte Unternehmung gegen Gräfenberg gegenstandslos erscheinen; die zweite den Erzherzog die Unzulänglichkeit des am Tag vorher über Jourdan errungenen Vorteils sehr lebhaft empfinden. Nach den Darlegungen Angeli's, welche hier auf Berichten des Erzherzogs an den Kaiser zu beruhen scheinen, leider aber nicht erkennen lassen, was an ihnen Original, was Über-arbeitung ist, fühlte sich der Erzherzog sogar vor die Frage gestellt, ob er angesichts dieses Mißerfolges am Lech die Operation gegen Jourdan überhaupt weiterführen könne, und nicht vielmehr zu Latour, oder gegen die böhmische Grenze zurückzugehen, ein defensives Ver-halten anzunehmen habe[1]). Des Erzherzogs ganze Feldherrngröße kommt wieder in dem Entschluß zum Ausdruck: den Heerteil unter F.-3.-M. Latour zunächst sich selbst zu überlassen, und die Operation gegen Jourdan mit ganzer Kraft fortzusetzen. Er beabsichtigte, die rechte Flanke Jourdan's, wie seither, unentwegt weiter zu bedrohen, ihn in die ungünstigsten Verhältnisse zum Schlagen zu versetzen; er nahm an, daß ihm spätestens die Main-Krümmung bei Kitzingen Gelegenheit geben würde, Jourdan auf seinem Weg nach Würzburg, dem jener augenscheinlich noch zustrebte, zuvorzukommen, nahm aber andrerseits auch die Höhe von Schweinfurt als die äußerste Entfernung an, bis zu der er ihm, um ihn unschädlich zu machen, in Rücksicht auf die Armee Moreau's folgen dürfe[2]).

---

[1]) In seinen eigenen Werken über den Feldzug gibt der Erzherzog diese Erwägungen nur so äußerst dürftig und verschleiert wieder, daß sie in ihrer Trag-weite dort nicht zu erkennen sind.

[2]) Sämtliches nach Angeli. Die Erwägungen, welche sich auf die Lage südlich der Donau beziehen, überschreiten die Grenzen, welche diese Arbeit sich gestellt hat.

Der Rücktritt des Wartensleben'schen Heerteils unter seine un=
mittelbaren Befehle hatte den Erzherzog aber noch vor andere Auf=
gaben gestellt, deren Erledigung die Weiterführung der Operationen
begleiten, bezw. ihr vorhergehen mußte: die Regelung der rückwär=
tigen Verhältnisse der Armee, und die Neugestaltung ihrer Ordre de
bataille.

In ersterer Hinsicht verlegte er nunmehr auch für die von der
Donau herangeführten Truppen die Etappenlinie dahin, wo sie War=
tensleben schon gehabt hatte: von Amberg über Schwarzenfeld nach
Cham in Böhmen, also in rein östlicher Richtung. Sie ward dadurch
unabhängiger von allen Zwischenfällen, wie sie weitere Fortschritte
Moreau's längs der Donau im Gefolge haben konnten, und wohl
durch ihre Lage allein schon hinlänglich geschützt. [1] Gleichwohl ver=
anlaßte der Erzherzog die Vereinigung von 9 Bataill., 22 Esk. unter
General Graf Nauendorf, welche sich am 27. nach der Donau, und
zwar zunächst an die Altmühl=Mündung in Marsch zu setzen hatten;
zum Schutz der neuen Etappenlinie und um „auf der Defensionslinie
des F.=Z.=M. Latour jenen Punkt zu verstärken, der für die Haupt=
operation der wichtigste werden konnte." Der zweite Teil des Auf=
trags wollte etwa besagen: „an der Donau zu bleiben, und dauernd
da wo es jeweils am zweckmäßigsten sein würde, eine gesicherte Ver=
bindung über den Strom zwischen dem Erzherzog und Graf Latour
zu unterhalten, Latour dadurch an der Donau zu entlasten, und seine
rechte, des Erzherzogs linke Flanke zu decken."

Es ist nicht wohl abzusehen, ob die Entsendung eines immer=
hin erheblichen Teils der eigenen Kraft für derartige untergeordnete
Zwecke, ehe der Gegner noch eigentlich geschlagen war, vordringlich
oder unabweisbar gewesen ist. An andrem Orte bezeichnet der Erz=
herzog nur den Schutz der neuen Etappenlinie als Beweggrund für
Nauendorf's Entsendung; [2] er wird also auch der vornehmlichste ge=
wesen sein, und es zeigt auch diese Maßregel, in wie hohem Grad

---

[1] Später, als Bamberg Etappenort werden konnte, wurde die Linie parallel
noch weiter nördlich verlegt, über Bayreuth nach Eger.

[2] Geschichte des Revolutionskriegs. Als eine unmittelbare Verstärkung
für Latour kann die Entsendung Nauendorf's nicht betrachtet werden; denn dieser
General ward Latour nicht unterstellt, blieb vielmehr während des ganzen weiteren
Verlaufs der Operationen selbständig längs der Donau.

der Erzherzog Operationslinien als würdige Operations-Objekte betrachtete, hier seine eigene von feindlicher Seite her.

Abzüglich dieser 9 Bataill., 22 Esk., welche zusammen mit
6000 Mann beziffert werden,[1]) betrugen die österreichischen Streitkräfte in Franken nunmehr 56 Bataill., 141 Esk. Die Generale
Hotze und Liechtenstein behielten ihre seitherigen Truppen; bei letzterem war nur Austausch eines leichten gegen ein Linienbataillon
eingetreten; das Corps Sztarray's ward wieder auf 15 Bataillone
gebracht, und 21 Eskadrons wurden ihm zugefügt. Aus dem Wartensleben'schen Heerteil formierte der Erzherzog ein Corps von 18
Bataill., 58 Esk. unter J.-M.-L. Kray, einschlüssig der Abteilung
des Oberst Görger (3 Bataill., 15 Esk.), welche von der böhmischen Grenze über Hirschau und Hahnbach im Anmarsch war, und
eine Armee Reserve (corps de réserve) von 12 Bataill., 26 Esk.,
welche wie es scheint Graf Wartensleben befehligte, bei der sich übrigens der Erzherzog stets selbst aufhielt.

Die genannten Abteilungen zählten in Summe 54 Bataill.,
132 Esk., es scheinen also einige Truppen zu Etappenzwecken oder
dergl. verwendet worden zu sein.[2]) Einschlüssig der Nauendorf'schen
Entsendung trat der Erzherzog in die weiteren Operationen mithin
um volle 11 Bataill., 31 Esk. schwächer ein, als er am 24. war;
dies entsprach an Infanterie einer französischen Division, und er besaß fortab an dieser Waffe, wenigstens in der Zahl der taktischen
Einheiten, keine namhafte Überlegenheit mehr über seinen Gegner.
An Reiterei freilich blieb den Oesterreichern immer noch Überfluß;
sie war an die einzelnen Glieder der Armee mehr oder minder schema-
tisch verteilt, nach Grundsätzen, die selbst für die damalige Zeit ver-
altet waren, und besonders rationelle taktische Motive nicht für sich
hatten. Kein einziger nur aus Kavallerie bestehender Körper, wie dies
bei den Franzosen der Fall, war aus dem reichen Vorrath gebildet;
selbst Liechtensteins 16 Schwadronen, größtenteils leichte Regimenter,
mußten das Bleigewicht von 3 Bataillonen weiter schleppen, da dieser

[1]) Liechtenstein-Tagebuch.
[2]) Es sollten 2 Bataill., 9 Esk. sein; bei der Infanterie kann die Differenz
indessen nicht sicher festgestellt werden.

Verband wieder, wie zwischen Donau und Neumarkt, als Vorhut des
Ganzen zu gelten hatte. [1]) So war in der Bewegungsrichtung der
Armee verhältnismäßig sehr wenig Reiterei vor ihr; die meiste stak
bei den großen Infanterie=Körpern, und wenn diese während der fol=
genden Operationen Reiterei schon zu Erkundungszwecken nicht hätten
entbehren können, und die Infanterie damals auch zum Kämpfen
ohne Kavallerie schlechthin als unvollständig galt, so ist doch im Ganzen
aus dem Reichtum der Armee an Reiterei bei weitem nicht der mög=
liche Vorteil gezogen worden.

Die Weiterführung der Operation mußte basieren auf der Lage
am 24. abends, die sich bis zum 25. abends nur wenig verschob.
Die Armee stand auch an diesem Tag in zwei großen Gruppen, einer
östlichen bei Amberg und Sulzbach, einer westlichen von Lauf im
Pegnitzthal bis hinüber nach Erlangen an der Regnitz, beide etwa 2
Tagmärsche unter sich entfernt. Es entsprach dieser Verteilung wie
den angedeuteten operativen Absichten des Erzherzogs, wenn, wie
Angeli berichtet, jetzt, am 25., die ganze westliche Gruppe, Liechten=
stein, Hotze und Sztarray, als linker Flügel der Armee unter das
Kommando des letztgenannten Generals gestellt wurde. F.=M.=L.
Graf Sztarray erhielt dabei den Auftrag, den Feind in den Gebirgs=
defileen bei Gräfenberg beunruhigen zu lassen, zugleich den Marsch
der übrigen Heeresteile durch das Pegnitz=Defilee zu decken; endlich
über Erlangen und jenseits der Regnitz über Höchstadt und Burgebrach
gegen die rechte Flanke des Feindes vorzudringen. (Angeli.) [2]) Der
rechte Flügel der Armee hatte wie erwähnt, in der Nacht zum 25.
die Fühlung mit dem Feind verloren. Es ist bereits angedeutet,

---

[1]) Größere Körper aus Kavallerie allein, oder mit reitender Artillerie sind
in Österreich erst 1809 gebildet worden.

[2]) Angeli nennt dementsprechend das Corps Kray's den rechten Flügel,
jenes Wartensleben's das Gros der Armee, letzteren Heerteil aber auch Reserve.
Nach dem Erzherzog und dem Liechtenstein=Tagebuch wäre ein einheitlicher
Verband für den linken Flügel erst am 27. jenseits der Regnitz geschaffen worden,
und der Erzherzog bringt dies nur so zum Ausdruck: „Sztarray erhielt Befehl,
sich mit Hotze und Liechtenstein zu vereinigen." Der Erzherzog erwähnt den an
Sztarray erteilten Auftrag nicht. Nach dem Liechtenstein=Tagebuch ist ihm dabei
als allgemeine Bewegungsrichtung von der Regnitz ab die nach Schweinfurt be=
zeichnet worden.

in welch' üble Lage am 25. ein Nachdrängen, d. h. ein einfaches
Vorgehen der Österreicher gegen Velden von Sulzbach oder von
Hohenstadt her den Heerteil unter Jourdan versetzen konnte; auch die
sehr große, von ihm ernstlich befürchtete [1]) Verlegenheit war Jourdan
durch die linke Gruppe des Erzherzogs von Lauf aus leicht zu bereiten,
beim Austritt aus dem Gebirg Bernadotte verdrängt, den Wiesent=
Abschnitt, die Regnitz-Übergänge in österreichischer Hand zu finden.
Nichts von all dem geschah. Es unterblieb die am 25. vormittags
vom Erzherzog angeordnete (oder blos beabsichtigte?) Bewegung Kray's
von Hohenstadt gegen Velden, es verflüchtigte sich die neuerdings
Eztarrav aufgetragene gegen Gräfenberg. Jourdan ist nirgends an=
gegriffen worden; er wurde ins Gebirg nicht verfolgt, nur gefolgt
von leichter Kavallerie, die u. A. auch ihn am 27. in seinem eigenen
Quartier in große persönliche Gefahr gebracht hat, es überhaupt den
Franzosen gegenüber an emsiger Zudringlichkeit — „umflattern" nennt
es der Erzherzog — keinen Tag fehlen ließ. Nur dies liegt zu
Grunde, wenn Angeli sagt: „die Verfolgung war eine so lebhafte
gewesen, daß die leichten Truppen unausgesetzt mit den (feindlichen)
Arrieregarden im Gefechte standen." [2]) Auch Bernadotte bei Forch=
heim ist nur angetastet, nicht angegriffen worden.

Die Bewegungen der österreichischen Armee vom 25. bis 28.
August stellen sich dar in folgender Übersicht der täglich erreichten
Punkte. [3])

---

[1]) Jourdan gibt dies als Motiv für die großen Anstrengungen, die er
seinen Truppen in den Tagen nach Amberg abforderte.

[2]) Angeli fährt unmittelbar weiter: „Bei dem Vorsprung der Franzosen
und den Terrain=Schwierigkeiten war es dennoch nicht möglich gewesen, ihren
Rückzug ernstlich zu gefährden."

[3]) Die Tabelle ist aus Angeli allein nicht vollständig abzunehmen; sie be=
darf der Ergänzung aus anderen Quellen. Hinsichtlich des Corps Kray ist sie
unvollständig; denn es scheint, daß Oberst Görger sich stets weit in der rechten
Flanke, im Gebirg vorbewegt hat, und am 28. vielleicht in der Gegend von
Betzenstein war. Des Erzherzogs Werk ist über Jourdan's Bewegungen nach dem
Tag von Amberg nicht gut unterrichtet, und weist auch für die österreichischen
mehrfache Unstimmigkeiten auf; so soll z. B. Vorra am 25. von den Österreichern
besetzt worden sein; sicher ein Irrtum; ähnlich ist es mit Velden, Gräfenberg u. s. w.

Linker Flügel. **Rechter Flügel.**

	Liechtenstein: 3. 16.	Höhe: 6. 11.	Szarray: 15. 21.	Krav: einschlüssig Bürger 15. 58.	Wartensleben: 12. 26. hiebei der Erzherzog:
24.	Mögeldorf. (ö. Nürnberg)	Leinburg. (i. Lauf)	Rüttenbach.[1]	Vorposten Rosenberg u. f. w.	Amberg, Rosenberg u. f. w.
25.	Erlangen.	Neunhof, (i. Lauf)	Lauf.	Sulzbach, Vorposten Hohenstadt,	Amberg, nachmittags wahrscheinlich Sulzbach.
26.	Erlangen.	Bruck[2] oder Neunkirchen.	Nürnberg[2] oder Bruck.	Simmelsdorf, (n.-ö. Lauf)	Sulzbach, Hersbruck.
27.	Höchstadt. (a. Aisch.)	Grensdorf[3] (i.-ö. Höchstadt)	Herzogenaurach, oder Bruck.	Detasch. Gräfenberg, Vorposten Effelterich,	Effelterich, Gräfenberg, Vorposten Detasch. Velden. Lauf.
28.	Burgebrach. (i.-w. Bamberg.)	Mühlhausen. (n. Höchstadt.)	Höchstadt.	Neunkirchen, Vorposten Baiersdorf.	Herolsberg[4] oder Eschenau.

---

[1]) Nach der ö. mil. Zeitschrift wie schon bemerkt, am 24. Hohe Haimendorf, Szarray Leinburg.

[2]) Angeli; die abweichende Angabe vom Erzherzog, oder dem Liechtenstein-Tagebuch.

[3]) Sehr verschieden geschrieben; beim Erzherzog Kreienhof.

[4]) Angeli giebt Herolsberg, und jedenfalls war der Erzherzog am 28. dort.

Diese Bewegungen verraten wohl einen anderen Grundgedanken als den, den Feind zu schlagen. Während das Gros der französischen Armee sich durch das Gebirge in gerader Linie von Sulzbach nach Forchheim durchmüht, schiebt sich die österreichische, im Ganzen ziemlich langsam, in einem großen Bogen um sie herum, kopiert sie gleichsam, der linke Flügel immer weiter vorgreifend nach der Rückzugslinie des Feindes, d. h. den Straßen nach Würzburg, der rechte stets in Fühlung mit dem Gegner, zwischen diesem und der eigenen Etappe; beide zusammen sich zwischen der so umklammerten feindlichen Armee und deren Partner Moreau haltend. Die ganze Bewegung stellt einen viertägigen großartigen Flankenmarsch nach der feindlichen Operationslinie zu dar; man bemerkt, wie in Holenstein, Velden, Gräfenberg die Franzosen den Österreichern die Thüre in die Hand gaben.

Der Feldherr selbst erläutert die Handlung im gleichen Sinne. „Der Erzherzog stand (24.) . . . im günstigsten Verhältnis, weil sein linker Flügel näher an der Rückzugslinie der feindlichen Armee war, als die Franzosen." — „Die Armee rückte in einer schiefen Richtung mit Vorschiebung ihres linken Flügels vor . . ." — „Der Erzherzog wollte zwei verschiedene Zwecke . . . erreichen: die feindliche Rückzugslinie fährden, ohne unmittelbar den Besitz der eigenen aufzugeben."[1] — „Der Erzherzog schob seinen linken Flügel unausgesetzt in die Flanke und gegen die Kommunikationen des Gegners vor. Die Armee folgte stets schlagfertig und in solchen Direktionen, daß sie . . . ihre Kommunikationen nie bloß gab."

Der Erzherzog selbst blieb während der ganzen Bewegung bei der Armee-Reserve, bei Wartensleben; also stets am äußersten rechten Flügel oder in der hintersten Staffel; für die Befehlsleitung bei dem weiten Raum, über den sich die Armee ausdehnte, wenig günstig. Er verließ Amberg am 25. nachmittags und traf abends in Sulzbach ein.[2] Am selben Tag noch ist die kurbayerische kleine Veste Rothen-

[1] Bis hieher in der Geschichte des Revol.-Kriegs mit dem Nachsatz, „als ob eine ausgiebige Unternehmung des Gegners auf unserer Rückzugslinie denkbar wäre, wenn wir mit Überlegenheit näher an der seinigen stehen, als er an der unirigen." Das Folgende aus der „Geschichte des Feldzugs 1796."
[2] „Rapp, Kampf Österreichs." „Kriegsschauplatz in der oberen Pfalz."

berg (Rottenberg) bei Schnaittach (nordöstlich Lauf) den Franzosen wieder abgenommen worden.[1]) Am 26. drängte sich die Armee auf 1½ Tagmärsche Marschtiefe zusammen, das geringste Maß während dieser vier Tage; Liechtenstein vertrieb Bernadotte's Vorposten aus Kersbach (nördlich Baiersdorf), ein Befehl des Erzherzogs rief ihn aber nach Erlangen zurück. (Tagebuch.)

Der 27. brachte den linken Flügel auf das westliche Ufer der Regnitz. Beim grauenden Morgen des 28. überfielen Liechtenstein's Reiter Bamberg, und ebenso am 29. Eltmann (am Main 20 km abwärts Bamberg); sie befreiten in Bamberg u. a. die von den Franzosen dahin gebrachten Amberger Geiseln.[2])

Am 28. stand dann die Armee der hinter der Wiesent vereinigten französischen gegenüber, ähnlich wie am 23. und 24. in zwei große Gruppen zerlegt; davon das Gros der linken an der Aisch und reichen Ebrach genau auf der geraden Linie und den Straßenzügen vom Feind (Forchheim) nach Würzburg. Die Gros beider Gruppen vom Gegner je einen kleinen Marsch, dabei aber unter sich durch die Regnitz und 1½ Tagmärsche getrennt; die ganze Armee über einen Bogen von zwei starken Märschen (50 km) ausgedehnt, und der Erzherzog als oberste Befehlsinstanz am äußersten rechten Flügel. Die Armee hatte sich nach dem Maßstab des Hauptquartiers, d. h. der Armee-Reserve in 4 Tagen um 55 km vorwärts gebracht, ohne dabei den Truppen einen Rasttag gewährt zu haben. Es darf freilich nicht unbemerkt bleiben, daß in der österreichischen Armee damals der Tagmarsch von 2 Meilen ganz allgemein als ein zulänglicher, normaler, der von 2½ Meilen schon als ein gesteigerter galt, und daß dies durch die Heeresorganisation in gewissem Grad bedingt war.[3])

---

[1]) Sie war am 12. August von diesen besetzt worden. Die Kapitulation des bayer. Obersten Graf v. Hörl mit General Ney ist abgedruckt bei Rapp und im „Kriegsschauplatz u. s. w."

[2]) Beide Überfälle sind ausführlich geschildert in der ö. mil. Zeitschrift 1847, Szekler Husaren-Regiment: dann auch — für Eltmann in abweichendem Zusammenhang — im Liechtenstein-Tagebuch, welches aber den Bamberger Überfall irrtümlich erst auf 28./29. setzt. Vergl. auch „Kriegsschauplatz in der oberen Pfalz", und bei Rapp die Erzählungen der Geiseln selbst.

[3]) Z. B. durch die höchst schwerfällige Bagage, welche u. a. Zelte auf Packpferden mitführte, dann Backöfen u. s. w. Vgl. z. B. Angeli 290.

Das Verhältnis am 28. (Skizze 3) ist nun augenscheinlich kein günstiges; es liegt nahe, die „Schlagfertigkeit" der Armee für diesen Tag in einem sehr üblen Sinn zu travestieren. Wenn sie sich mit großer Freiheit nach Gefallen bewegen konnte so lange die Franzosen im Gebirge steckten, so änderte sich dies Verhältnis am 28. der vereinigten Armee Jourdan's gegenüber ganz wesentlich. Man müßte es erstaunlich finden, wäre der französische Feldherr nicht zu dem Entschluß gelangt, die linke, westliche der beiden weit getrennten Gruppen seines Gegners anzufallen und über den Haufen zu rennen, jene welche zwischen ihm und Würzburg stand, also für den Augenblick die unbequemere, und die — was Jourdan freilich nicht wohl sicher beurteilen konnte — noch dazu die schwächere war. Sztarray hatte 24 Bataill., 48 Esk. unter sich, drüben beim Erzherzog waren 30 bezw. 84; an Infanterie war Jourdan jeder einzelnen Gruppe bedeutend überlegen.

Hören wir indessen, wie der Erzherzog später über diese Tage urteilte: „Der Zug des Erzherzogs von Amberg bis Eschenau geschah in jeder Rücksicht zu langsam; diese Strecke hätte in Eilmärschen zurückgelegt werden sollen. [1] Auch die Richtung des Sztarray'schen Corps gegen Höchstadt entsprach dem Zweck nicht, den die Österreicher haben sollten. Ihr Vorteil erheischte, dem Feinde so bald als möglich eine entscheidende Niederlage beizubringen; dazu mußten sie ihre Kräfte vereinigen, und Sztarray's Entfernung . . . . trennte solche immer mehr u. s. w." „Der Feldherr war in der Lage, eine gebieterische Initiative anzunehmen, und dafür erscheint manche seiner Bewegungen zu langsam; auch wurde seine Linie mehrmals zu ausgedehnt und Blößen gegeben . . . [2] Hieran ist die Betrachtung zu reihen, welche der Erzherzog in seiner Geschichte des Feldzugs unmittelbar an den Tag von Amberg knüpft. „Der Erzherzog erachtete den bei Amberg errungenen Vorteil für zu wenig entscheidend, als daß nicht bald eine Schlacht darauf erfolgen sollte. Beide Feldherrn mußten sie wünschen; Jourdan um seine nachteilige Lage zu verbessern, der Erzherzog um sich die Überlegenheit in solchem Maße anzueignen, daß

---

[1] . . „Denn jedes Defilee, besonders in der Nähe des Feindes muß schnell durchzogen werden."

[2] Das Letzte aus der Geschichte des Revol.-Kriegs.

er sich unbesorgt — (von Jourdan wieder ab und) — gegen Moreau wenden . . . konnte." [1])

Es muß vollständig dahingestellt bleiben, inwieweit diese letztern Erwägungen dem Erzherzog als rückblickenden Geschichtsschreiber 1813, inwieweit als handelndem Heerführer 1796 angehören. Nur lassen die Bewegungen der österreichischen Armee in den vier Tagen nach Amberg kaum einen Zweifel, daß für diese Tage wenigstens nicht der Wille zum Schlagen die geistige Triebfeder gewesen ist, sondern wiederum das Manöver, die fortgesetzte „Operation auf der inneren Linie", das fortgesetzte Fassen nach des Gegners Rückzugsstraße. Wenn der Erzherzog wirklich nach dem Tag von Amberg von der Absicht geleitet wurde, die dort unzulänglich gebliebene Abrechnung auf der Walstatt mit Jourdan baldigst nachzuholen, so hat sie erst am 28. eine Gestalt angenommen, welche über die einer intellektuellen Empfindung sich erhob. Erst der 29. zeigt Handlungen, welche wenig= stens in der Art wie sie durch des Erzherzogs Feder zur Geschichte geworden sind, die Vorbereitungen zu einer Waffenentscheidung in sich schließen. Aber schon der zweitnächste Tag setzt, in dem was geschah, und in den Worten, mit welchen es der Erzherzog erzählt, das Manöver in sein bisheriges, volles Recht ganz unzweideutig wieder ein. [2])

Der Erzherzog als Geschichtsschreiber legt aber auch eine Brücke zwischen dem, was vom 24. bis 28. und weiter bis zum 1. Sep=

---

[1]) Der Zusatz: „und Österreichs Grenzen von der ihr drohenden Gefahr befreien" ist bemerkenswert. Er kommt in des Erzherzogs Werk noch bei anderen Gelegenheiten vor, und zeigt, daß doch auch bei ihm der Schutz der kaiserlichen Erblande eine beherrschende Rücksicht war, gewiß eine mächtige Triebfeder zu der Operation gegen Jourdan, als dieser vor den Thoren Böhmen's stand. Damit vergleiche man einerseits die Haltung fast aller Reichsstände, andrerseits die Vor= schrift des Kaisers an den Erzherzog in einer Instruktion vom 4. April 1796: „Was die Reichsarmee und die Dir als Reichsgeneral obliegenden Pflichten an= belangt, so sind diese nur als Nebensache anzusehen. . . . . Deine Pflichten gegen unser Haus und die Monarchie sind die einzigen, die Du kennen mußt; diesen muß das Reich weichen." (Angeli.)

[2]) Ein französisches Urteil: „Préoccupé de gagner de vitesse l'armée française de manière à se placer sur ses communications, l'Archiduc aima mieux manoeuvrer et s'étendre outre mesure que de troubler une retraite qu'il était possible de changer en déroute par une poursuite un peu vigoureuse." (Chuquet.)

tember geschah, und dem was etwa hätte geschehen sollen; er erklärt die Bewegungen der Armee nach dem Treffen von Amberg ihrer Richtung nach, und im Zusammenhang mit der Thätigkeit der leichten Kavallerie als Mittel „um den Gewinn einer Schlacht vorzubereiten", um „alles aufzubieten, die physischen und moralischen Kräfte des Feindes zu schwächen."

In der That, wenn der fortdauernde Druck auf Jourdan's Rückzugslinie zureichend war, ihn zu fortgesetztem Rückzug zu bewegen, so konnte bei dem Verhältnis der Bevölkerung zu den Franzosen[1]) ein solches Verfahren dazu führen, daß ihre Armee durch das Manö= ver allein zu Tode gehetzt ward.

Das Mittel war im besten Fall langwierig; niemals konnte es eine gewonnene Schlacht ersetzen, und es bedingte eine bleibende Trennung der Österreicher in zwei Gruppen; es mußte daher gänzlich versagen und sich in eine sehr ernste Gefahr verkehren, sobald die französische Armee diejenigen Vorteile für sich in Anspruch nahm, welche eben diese Trennung der österreichischen ihr darbot. Und dies hat Jourdan am 29. August gethan.

V.

29. und 30. August.

(Gefecht bei Burg-Ebrach. Marsch der Franzosen nach Schweinfurt.)

Jourdan war am 28. von der Anwesenheit feindlicher Truppen in Burg-Ebrach, Pommersfelden, (Mühlhausen) und Höchstadt unter= richtet; er glaubte, das Gros derselben in Höchstadt suchen zu müssen, und scheint sie im allgemeinen für schwächer gehalten zu haben, als sie waren. Nach seiner Schilderung stellten sich seinem Entschluß zwei Operationen zur Wahl: am 28. abends noch seine Armee nach Bamberg führen und von dort am 29. den Feind bei Burg-Ebrach überrennen, oder aber in der Gegend von Hirschaid die Regnitz über= schreiten und am 29. den feindlichen Heerteil bei Höchstadt anfallen.

---

[1]) Es ist auffallend, daß der Erzherzog für dieses Verhältnis in der oberen Pfalz und in Franken (Spessart) nicht ein Wort hat; erst beim Odenwald be= rührt er es.

In beiden Fällen war er sicher, den Feind, auf den er treffen würde, zu schlagen, ehe Kray und der Erzherzog ihn erreichen konnten. Er wollte möglichst unmittelbar nach Würzburg gelangen, und wählte, in völlig richtiger Würdigung der allgemeinen Lage, den zweiten Weg. Bei Seußling und Saßanfarth hatte Jourdan Kriegsbrücken angeordnet. Über sie wollte er am 29. um 2 Uhr morgens mit der um zwei Dragoner-Regimenter verstärkten Division Bernadotte gehen und ungesäumt nach Höchstadt vorrücken. Mireur hatte um die gleiche Zeit mit den in Bamberg neu formierten Truppen nach Burg-Ebrach zu marschieren. Die Divisionen Championnet und Grenier sollten gleichfalls um 2 Uhr von der Wiesent abrücken, die Kriegsbrücken überschreiten und dann erstere über Schnaid—Pommersfelden, letztere über Hallerndorf—Aisch zum Eingreifen in das Gefecht bei Höchstadt verfügbar werden. Kleber hatte sich von Mitternacht an bei Forch-heim zu versammeln, die Vorposten längs der Wiesent bis Ebermann-stadt zu übernehmen, und vorerst hinter diesem Abschnitt stehen zu bleiben; er war überdies noch mit einer Reihe kleinerer Unternehmungen zu Erkundungszwecken und zur Beschäftigung des Gegners auf beiden Regnitzufern beauftragt. Der große Park hatte bei Altendorf zu bleiben. Für den Unglücksfall hatte Jourdan als Sammelpunkt für die am linken Regnitzufer kämpfenden Heerteile Burg-Ebrach in Aus-sicht genommen, war Kleber nach Bamberg verwiesen.

Die Disposition mag zunächst wegen der — gegen Bernadotte zu spät angesetzten — Aufbruchstunde für Grenier und Championnet, dann hinsichtlich der über den Park getroffenen Verfügung Bedenken erregen; ferner Zweifel erwecken, ob die Belassung von 2 der 5 Divi-sionen an der Wiesent zweckmäßig war; aber man wird ihr den Erfolg nach Jourdan's Hauptzweck, sich die Straße nach Kitzingen zu öffnen, deshalb nicht absprechen wollen; fehlte doch drüben bei dem vom Stoß betroffenen österreichischen Heerteil in jedem Falle des Erzherzogs ordnende Hand. Allein die Operation scheiterte schon im Beginn: die befohlenen Brücken kamen nicht zu Stande[1]). Nun griff Jourdan um 2 Uhr morgens auf den Weg über Bamberg zurück.

---

[1]) Es hatten Behelfsbrücken werden sollen; die Armee führte keine Brücken-trains. Kurz vorher hatte Moreau den gleichen Mangel an der Donau ebenso bitter zu beklagen gehabt.

Bernadotte ward am rechten Regnitzufer dahin und dann weiter gegen Burg Ebrach beordert, Championnet und Grenier sollten denselben Weg einschlagen; sie hatten aber allein bis Bamberg über 3 Meilen. Kleber sollte seine 2 Divisionen von der Wiesent weg hinter den Strullendorfer Bach (1 Meile südöstlich Bamberg) führen, endlich die Reserve-Kavallerie unter Bonnaud und die Divisions-Kavallerie Championnet's (General Klein) die Furthen bei Seußling und Saßan= farth besetzt halten, bis die ganze Armee am rechten Ufer an ihnen vorbeigezogen wäre. Es war unausbleiblich, daß die aus dem Steg= reif geänderten Verfügungen, welche insbesondere für Kleber eine Tagesaufgabe ganz anderen Charakters bedingten, eine Reihe von Weiterungen und Verzögerungen mit sich brachten und nur Unzuläng= liches zeitigten; mußte doch z. B. auch das Gepäck und der große Park von Altendorf auf derselben Straße mit fortgeschleppt werden. Und so ist von allen 5 Divisionen am 29. nur die eine Bernadotte, und auch diese erst spät, bei Bamberg auf die linke Seite der Regnitz gelangt, wo sie dann Mirenr's kleine Kolonne schon im Gefecht fand; wir werden beiden wieder begegnen.

Über die Ereignisse am 29. auf österreichischer Seite sind wir mangelhaft unterrichtet. Die Mitteilungen des Erzherzogs sind ziem= lich lückenhaft und in der Darstellung verschwommen, und auch Angeli's ergänzende Beiträge können nicht vollkommen befriedigen. Vor allem liegt nicht klar, wie die Vorgänge bei den Franzosen auf die Maß= nahmen des Erzherzogs zurückgewirkt haben. Nach dem was er 17 Jahre später hierüber schrieb, sollte der 29. „den Vorbereitungen eines ernst= lichen Angriffs am 30." dienen, und sollten hiezu „am Abend die Truppen formiert werden"; nach Angeli wurden auch alle Heeresteile angewiesen, ihre Märsche am 29. so einzurichten, daß sie, wenn nötig, noch am Abend dieses Tages den Angriff beginnen konnten. Wie dieser gedacht war, geht aus den Anordnungen des Erzherzogs zum 29. hervor. Es erging an Hotze Befehl, am 29. von Mühlhausen nach Burg Ebrach zu Liechtenstein zu rücken und dort mit diesem bereit zu bleiben, entweder nach Eltmann am Main weiter zu mar= schieren, oder die Straße Forchheim—Kitzingen (?) zu sperren. Jeden= falls war auf diese Heerteile also von vornherein für einen Angriff auf die Franzosen verzichtet; sie waren auf die große Straße von

Bamberg nach Würzburg gesetzt, und wurden auch aus ihrem gemein=
samen Befehlsverband unter Sztarray wieder losgelöst [1]). Hotze war
nun, vielleicht nach einer noch von Sztarray erlassenen Anordnung, bei
Eingang dieser Weisung schon nach Burg Ebrach abmarschiert, gleich=
zeitig aber auch Liechtenstein von ebenda nach Eltmann; um 9 Uhr
vormittags schon hatte er dort auch die rechtsufrige (nördliche) Thal=
straße besetzt [2]).

F.=M.=L. Kray sollte seine Truppen bei Neunkirchen und Gräfen=
berg zu einem Angriff auf die Wiesent=Front in der Nähe von Forch=
heim, dann (Oberst Görger) bei Betzenstein zu einer Überflügelung
des Gegners über Ebermannstadt bereit stellen; endlich durch eine
Abteilung unter General Elsnitz bei Pegnitz, jenseits des Jura=
Rückens (!) die rechte Flanke der Armee decken. Sztarray in Höch=
stadt ward beauftragt, bei Burg an der Regnitz gegenüber Forchheim
Batterien zu errichten und eine Abteilung durch die Furt bei Seuß=
ling auf das östliche Regnitzufer und in den Rücken der Franzosen
zu senden. Der Erzherzog mit der Reserve Wartensleben endlich
wollte von Heroldsberg über Effelterich die Bewegungen von Kray
und Sztarray unterstützen. (Angeli.) Sztarray hat diese Disposition
erst am 29. um 7 Uhr morgens erhalten. Er sandte General Keim
mit 5 Bataill., 4 Esk. nach Seußling und setzte sich mit dem Gros
seiner Truppen (an Infanterie noch 10 Bataill.) in Marsch gegen
Burk. In Hemhofen erfuhr er den Abmarsch des Feindes; da dieser
Fall nicht vorgesehen, blieb er bei Hemhofen stehen. General Keim
aber fand die Furt bei Seußling unbrauchbar und mußte sich darauf
beschränken, die Franzosen über die Regnitz weg mit Geschützfeuer zu
belästigen.

An Thatsächlichem ist dann weiter nichts überliefert, als daß
Kray's breit auseinander gezogene Truppen im Lauf des Tages die
französischen Vorposten in leichtem Geplänkel über die Wiesent drängten,
jedoch selbst mit dem Gros der Infanterie den Fluß nicht, oder nicht
weit überschritten; und daß Kleber, sehr zum Mißvergnügen Jourdan's,
und aus unbekanntem Grund, erst nachmittags und zwar ohne Gefecht

---

[1]) Fürst Liechtenstein blieb, wie früher schon, dem F.=M.=L. Hotze unter=
stellt. Er hat am 29. das ihm am 25. überwiesene Linien=Bataillon abgegeben,
dafür 1 leichtes Bataillon und 4 Jäger=Kompagnien erhalten.

[2]) Liechtenstein=Tagebuch.

sich von der Wiesent losmachte, um in den Marsch Regnitz=abwärts überzugehen; dabei von den Österreichern nicht verfolgt, sondern nur von leichter Reiterei begleitet.

Wie dies alles zusammenhängt, warum Kleber der zweiten Weisung Jourdan's so spät nachkam, wann der Erzherzog des letzteren Abmarsch erfuhr und was er etwa daraufhin verfügt hat, wissen wir nicht[1]). Angeli sagt wohl: „Sobald am 29. Kleber's Rückzug bekannt geworden war, hatte Erzherzog Carl die nachdrücklichste Verfolgung angeordnet." Allein es bezieht sich dies auf Dinge, die erst am 30. geschahen und eben nur auf Kleber; und es läßt der Vermutung Raum, daß Jourdan's Abzug und damit die dem Korps Hotze drohende Gefahr dem Erzherzog am 29. überhaupt nicht bekannt wurde.

Der Erzherzog bei der Besprechung des Tags verbreitet sich über die Mängel der französischen Disposition, findet aber seine eigene „noch fehlerhafter". Er beurteilt sie dabei aus dem Gesichtspunkt eines wie angegeben am 30. über Wiesent und Regnitz weg zu führenden Angriffs, wobei dann Sztarray bei Seußling, 2 Meilen von Kray und dem Erzherzog entfernt, nicht über den Fluß gekonnt hätte. Uns zeigt der Tag noch, wie auf französischer Seite eine durchaus im richtigen Augenblick eingeleitete, sehr entschiedene Angriffsbewegung scheitert durch ungenügende Leistung der Feldtechnik, und zwar an eben jener Flußstelle, welche eine auf österreichischer Seite beabsichtigte Offensive — dies unsrem Autor folgend so angenommen — am fol= genden Tag zum Mißlingen verurteilt haben würde, weil man sie irrtümlich für kein Bewegungshindernis gehalten hatte[2]).

---

[1]) Vielleicht hat Kleber am Morgen des 29. selbst mit einem Angriff gedroht. Es mag hiezu eine Notiz im Liechtenstein=Tagebuch bemerkt sein, die freilich den Mitteilungen Angeli's gegenüber kein allzu großes Gewicht beanspruchen kann: Sztarray sei am 29. „zur Unterstützung des mit einem Angriff bedrohten Erz= herzogs näher an die Regnitz gezogen worden."

[2]) Die Österreicher fanden die Furt unbrauchbar; in Jourdan's Operations= befehl vom 28. abends ist auf sie die Reiterei von Bernadotte und Bonnaud ver= wiesen.

Chuquet sagt, und zwar teilweise wörtlich aus Schütz und Schulz über= nommen, von Jourdan's Mißerfolg am 29.: „ce fâcheux contretemps fit échouer une entreprise qui pouvait renverser complètement la situation stratégique, et eût permis tout au moins de reparer l'échec d'Amberg."

5*

Aber betrachten wir die österreichische Armee am 29. von Pegnitz über Baiersdorf bis Burgebrach auf einem Bogen von drei starken Märschen verteilt. War dieser Angriff als ein solcher, als gewaltsames Anfassen des Gegners mit dem Würfelspiel um Sieg oder Niederlage völlig ernst gemeint? Würde er am 30. zur That geworden sein, falls die Franzosen — was er doch voraussetzte — am 29. und 30. hinter der Wiesent blieben? Die Vorgeschichte des 29., was wir von ihm selbst wissen, und was ihm folgt, macht nicht in überzeugender Weise Eindruck im bejahenden Sinn. War die Verschiebung Hotze's und Liechtenstein's von der Verbindung Forchheim—Würzburg nach jener Bamberg—Würzburg, das Nachdrücken Kray's und der Armee-Reserve auf den Gegner selbst nicht die einfache Weiterführung der seitherigen kotoyierenden Bewegung? Dabei der Marsch Sztarray's nach Burk und an die Furt bei Seußling nicht eine Aufforderung, fast möchte man sagen ein Reizmittel für die Franzosen, ihren Rückzug, der hinter der Wiesent eine Erholungspause zu suchen schien, schleunigst wieder aufzunehmen? War nicht das Ganze nur eine Fortführung des bei Neumarkt begonnenen Manövers?[1]

F.-M.-L. Hotze ist am 29. bei Burg Ebrach an der Straße nach Bamberg—Würzburg, von wo aus er Vortruppen gegen Bamberg geschoben hatte, etwa gegen 3 Uhr nachmittags von Mireur angegriffen worden; er schätzte dessen Truppen, wahrscheinlich viel zu hoch, auf 5—6000 Mann. Das Gesecht zog sich in waldreicher, wenig übersichtlicher Gegend vom Übergang der rauhen Ebrach bei Harnsbach (Reuses) hinüber bis Ampferbach nördlich Burg Ebrach. Um 6 Uhr nachmittags griff von Bamberg her auch die Division Bernadotte in dasselbe ein[2]. Hotze behauptete sich indessen bei Burg

---

[1] In der Geschichte des Revolutionskriegs hat dieser Angriffsplan vom 29. bez. 30. August gar keine Erwähnung gefunden. Angeli führt, wohl um des Erzherzogs offensive Absicht zu erhärten, Folgendes aus dem Tagesbefehl vom 29. an: „Ich verspreche mir von den Truppen denjenigen Mut .... um auch hier dem Feind den letzten Druck zu geben und die Sache rasch zu entscheiden." Dies mag beweisen, daß der Erzherzog sich wie am 23. vor einer wichtigen operativen, es muß nicht beweisen, daß er sich vor einer großen taktischen Entscheidung stehen fühlte.

[2] Alle Zeitangaben nach dem Liechtenstein-Tagebuch. Auch der Erzherzog schildert das kleine Gesecht ausführlicher. Angeli läßt Mireur und Bernadotte vereinigt schon um 1 Uhr nachmittags angreifen.

Ebrach, und Bernadotte nahm die französischen Truppen abends zurück nach Birkach; erst in der Nacht wurde er dort von der Division Championnet eingeholt. Grenier und Bonnaud waren abends bis Bamberg gelangt; Kleber mit Lefebvre und Collaud nach Strullendorf.

Des Tages Abschluß fand den Erzherzog mit dem größeren Teil seines Heeres, d. h. mit den Korps Kray und Wartensleben versammelt bei Pinzberg — hier das Hauptquartier — und in der Gegend von Forchheim; von dem bei Bamberg und Strullendorf konzentrierten Feinde nun wieder einen Tagmarsch entfernt, von Hotze bei Burg Ebrach, der mit seinen schwachen Kräften dem Anprall der ganzen französischen Armee ausgesetzt war, aber fast um zwei Tagmärsche schwieriger Verbindung; zwischen beiden als Verbindungsglied, und den Tag über weder für Hotze noch auf der Seite des Erzherzogs nützlich geworden, Sztarray bei Hemhofen, mit einer Abteilung in Seußling. Es ist augenscheinlich, daß sich die allgemeine Lage für die Österreicher gegenüber dem Vorabend durchaus nicht gebessert hatte; noch größer als am 29. war für den 30. die Gefahr, daß der schwache linke Flügel geschlagen ward, ehe der so weit entfernte rechte es nur erfuhr.

Von Seiten des Erzherzogs geschah für den links der Regnitz stehenden Teil seines Heeres wahrscheinlich nichts weiter; es ist nicht überliefert, daß er dahin irgend eine Weisung für den 30. hat gelangen lassen.

Hotze selbst fühlte sich denn auch einem am folgenden Tage etwa mit stärkeren Kräften wiederholten Durchbruchsversuch der Franzosen nicht gewachsen; er hat wohl im Sinn des Erzherzogs gehandelt, wenn er gleichwohl dort blieb und Maßregeln traf, den Feind von der Würzburger Straße abweisen zu können; auf seinen Befehl gab Liechtenstein die Mainthalstraße auf, marschierte nach 10 Uhr abends von Eltmann weg, und traf am 30. früh 5 Uhr bei Burg Ebrach ein. Und auch an Sztarray scheint sich Hotze noch am Abend des 29. um Unterstützung gewendet zu haben.

Jourdan erzählt, er habe sich am 29. Abend nicht zu dem entschließen können, was seiner Meinung nach das Richtige gewesen wäre:

auf die Straße über Ebrach zu verzichten und ohne Weiteres rechts
(nördlich) des Main nach Schweinfurt zu marschieren. Sein Befehl
für den 30. aus Bamberg beauftragte Kleber, bei Strullendorf zu
bleiben und die Thalstraße über Bamberg gegen den Erzherzog zu
decken; Bernadotte und Championnet nebst Bonnaud, der auf sie auf=
schloß, waren zu einem abermaligen Angriff auf Hotze bestimmt, und
Grenier zog noch in der Nacht mit dem Artilleriepark ab nach
Schweinfurt.

Diese Verteilung der Kräfte entsprach nicht dem operativen
Zweck; zwei Infanterie=Divisionen, darunter die stärkste der Armee
zur Nachhut, zwei zur eigentlichen Gefechtshandlung; daß dem Park
eine ganze Division — übrigens die schwächste — mitgegeben ward,
mag dadurch erklärt sein, daß Jourdan Liechtenstein's Abteilung auf
der Mainthalstraße bei Eltmann wußte, und dessen Weggang in der
Nacht nicht voraussehen konnte.

Um 6 Uhr morgens am 30. begann zwischen Birkach und Burg
Ebrach das Geschützfeuer wieder[1]). Aber Jourdan fand bei einer
Erkundung den Feind verstärkt, erhielt auch Nachricht, daß weitere
österreichische Truppen im Anmarsch seien; es war dies General Keim
mit seinen 5 Bataill., 4 Esk., welchen Sztarray, wahrscheinlich auf
Hotze's Veranlassung, noch um Mitternacht von Seußling weg beordert
hatte, und der nun in der Morgenfrühe gegen Burg Ebrach zog.

Jourdan glaubte den Erzherzog mit dem Gros seiner Armee
vor sich zu haben und gab den Angriff auf.

Für die weiteren Bewegungen der Franzosen an diesem Tag
und für ihren Marsch nach Schweinfurt sind wir ohne alle Zeit=
angaben; es ist indessen sicher, daß letzterer die Nacht hindurch fort=
gesetzt und erst am 31. beendet worden ist[2]). Jourdan's Absicht,
mit den bei Birkach versammelten Truppen über die Mainbrücke bei
Eltmann zu gehen, zu welchem Zweck 3 Bataill., 1 Esk. Cham=
pionnet's auf die Höhe südlich dieses Orts vorausgesandt wurden,
mußte mangels tauglicher Fahrwege im Aurachthal aufgegeben werden.
So überschritten die Divisionen Championnet, Bernadotte und zuletzt

---

[1]) Liechtenstein=Tagebuch.
[2]) Dies geht vor allem hervor aus dem Liechtenstein = Tagebuch; am
31. morgens sah man von den Höhen südlich Eltmann die Franzosen am anderen
Ufer noch marschieren.

Bonnaud den Main auf dem Umweg über Bamberg mittelst einer bei Viereth geschlagenen Behelfsbrücke, die Divisionen Kleber's, der eine Arrieregarde am Strullendorfer Bach zurückgelassen hatte[1]), von Strullendorf aus bei Hallstadt (nördlich· Bamberg) auf zwei solchen. Es ist nicht bekannt, wann der Bau dieser Brücken angeordnet und vollendet war; also auch nicht, wie lange die beiden durch die Regnitz getrennten Gruppen der Armee mit dem Main im Rücken sich in einer Lage befunden haben, in der sie nur ihr großer Vorsprung gegen die Gros der Österreicher vor Gefechten mit sehr schlimmen Chancen sicher stellte[2]). Beide Gruppen rasteten am rechten Main= ufer sechs Stunden bei Zeil; Kleber kam dort an, als die Gruppe unter Jourdan die Rast beendete. Am 31. abends standen die Divi= sionen Bernadotte, Grenier, Championnet und Bonnaud in der Gegend von Schweinfurt, Lefebvre und Collaud unter Kleber einen kleinen Marsch nordöstlich davon bei Lauringen[3]). Ihrer ganzen Bewegung seit dem Abbruch der Kanonade am 30. morgens waren die Öster= reicher auf der westlichen Seite der Regnitz, wie der Erzherzog sagt, „schwach, mit Patrullen", nach Liechtenstein's Erzählung „mehr schein= bar als wirksam mit leichter Reiterei" gefolgt.

Die französische Armee war in Sicherheit; Artillerie und Gepäck hatte sie mit sich gebracht. „Ehrenvoll hatten sich die Franzosen endlich aus der kritischen Lage, worin sie sich seit dem Beginn ihres Rückzugs befanden, herausgewunden." Man wird Jourdan darin Recht geben müssen, wenngleich weder sein operatives Geschick, noch seine Willenskraft, auch nicht die Leistungen seiner Truppen zureichend gewesen waren, die Gunst der allgemeinen Lage, welche ihm sein

---

[1]) Chuquet; nach Angeli bei Reußes westlich Eggolsheim.

[2]) Hiermit ist auch Jomini's Bemerkung zu vergleichen: „l'Archiduc, par trop de circonspection fit un pont d'or à l'ennemi, dont il pouvait achever la défaite."

[3]) Dahin bog Kleber auf Jourdan's Befehl von Zeil ab. Der Grund, den letzterer angibt, man habe befürchten müssen, daß die Österreicher zwischen Eltmann und Schweinfurt vom südlichen Mainufer aus die am nördlichen auf der engpaßartigen Thalstraße ziehenden Kolonnen wehrlos zusammenschießen würden, kann freilich eine so weite Trennung vom Gros der Armee nicht erklären; aber er zeigt, daß Jourdan doch etwas von seinen Gegnern besorgte.

Gegner in die Hand spielte, bis zu einem durchschlagenden Erfolg auszunützen[1]).

Auf österreichischer Seite bestand die operative Leistung des 30. im Vorrücken des Gros von Kray und des Erzherzogs mit der Kolonne Wartensleben nach Hirschaid, d. h. von Pinzberg um 2 starke Meilen. Kray's Avantgarde hatte bei Strullendorf Kleber's Nachhut zurückgedrängt und besetzte gegen 5 Uhr abends Bamberg; der Erzherzog selbst kam erst am 31. morgens in die Stadt. Der äußerste rechte Flügel, General Elsnitz, holte weit aus über Hollfeld. Sztarray rückte am 30. nach Burg Ebrach und übernahm wieder den Befehl über Hotze und Liechtenstein, welche ebenda ihren Truppen den Tag über Rast gönnten;[2]) sie hatten einen anspannenden Gefechtstag, Liechtenstein einen Nachtmarsch hinter sich. Die Fühlung mit dem Gegner ging, sobald dieser den Main hinter sich hatte, vollkommen verloren.

Nachdem Jourdan als der Stärkere vom Rhein bis an den Böhmerwald gedrungen, vom Erzherzog aber in die Hinterhand und bis an die Regnitz zurückgedrängt war, hatte er sich am 29. der Initiative wieder bemächtigt und seinen Gegner plötzlich vor eine ganz veränderte Situation, vor eine ganz neue Aufgabe gestellt. Die österreichische Heeresleitung hat sich nicht elastisch genug erwiesen, um den Anforderungen der Lage, wie sie am 29. etwa um Mittag zu erkennen war, gerecht zu werden. Die Initiative blieb auch am 30. bei Jourdan; und so wenig sie auszunützen ihm glücken wollte, so gelang ihm wenigstens, seinen Gegner völlig abzustreifen und sich dessen Wirkungssphäre zunächst zu entziehen. Am 29. und am 30. mußte der Erzherzog bei seinem stark gefährdeten linken Flügel die Dinge gehen lassen, wie sie gehen wollten; er ist da durch Mängel und Zustände beim Gegner, die ganz außer seiner Beeinflussung waren, recht sehr begünstigt worden, und bemerkt zu diesen Tagen wohl sehr treffend, daß „Mißgriffe im Glück und im Vorteil nie so schädlich sind, als bei nachteiligen Verhältnissen."

---

[1]) Gouvion St. Cyr bemerkt bei Besprechung dieser Tage nach Montaigne: „La conception est plus facile que l'accouchement."

[2]) So erzählt sehr bestimmt das Liechtenstein-Tagebuch. Angeli läßt Liechtenstein am 30. wieder nach Eltmann beordert werden; er ging aber erst am 31. in dieser Richtung weiter.

Ein Hauptgrund für die ziemlich passive Rolle, welche der österreichische Feldherr am 29. und 30. auf sich nahm, liegt ganz sicher in seinem unzweckmäßigen Aufenthaltsort. Stets in der hinter= sten entferntesten Staffel, bei der „Reserve" des Heeres, mußten ihm schon die sehr beträchtlichen Entfernungen zwischen den einzelnen Glie= dern seiner so weit auseinander gezogenen Armee eine gedeihliche, zu= greifende Heeresleitung bei rasch wechselnder Lage sehr erschweren. Auch an den Tagen, die dem 30. folgten, hat sich der Erzherzog — wie auch in anderen Perioden des Feldzugs — stets bei der hinter= sten Heeresstaffel aufgehalten. Wäre dies nicht der Fall, so könnte man hier an der Wiesent die Erklärung für die Beibehaltung eines ersichtlich unzweckmäßigen Platzes für das Hauptquartier vielleicht in dem Umstand finden, daß der Erzherzog an den Punkten, längs welcher er Armee=Reserve und Hauptquartier verschob, nämlich stets in gerader Linie zwischen dem Gegner und der österreichischen Rück= zugsstraße, die verwundbarste Stelle seines operativen Entwurfs, den strategischen Schwerpunkt seiner Bewegungen empfand. Denn aus den Betrachtungen, mit welchen der Erzherzog diesen Abschnitt seiner Geschichte des Kriegs schließt, ersehen wir mit einigem Erstaunen, daß nach seinem Urteil in den Tagen vom 27. bis 30. August nicht sein Gegner Jourdan, sondern er selbst der Gebundenere, Unfreiere in der Bewegung, der Bedrohtere in seinen rückwärtigen Verbindungen ge= wesen ist. „Solange Jourdan auf der Linie stand, welche von der Donau nach Bamberg geht — d. h. auf der Straße Bamberg—Nürn= berg, also bei Forchheim — waren seine Bewegungen weniger be= denklich, als jene der Österreicher. Diese hatten keine Rückzugslinie, als die nach Nürnberg oder an die Pegnitz (d. h. nach Lauf oder Hersbruck), für die französische Armee ergaben sich mehrere . . . teils auf dem rechten Ufer der Regnitz, teils auf dem linken . . . Jourdan bedrohte Erlangen (die hier laufende österreichische Verbindung) auf einer geraden Linie, indessen seine Verbindungen von den Österreichern (gegen Schweinfurt hin) nur auf einer schrägen, folglich viel längeren zu er= reichen waren. Die Manövrierfähigkeit des Erzherzogs war daher weit beschränkter, als jene der Franzosen. Sobald aber letztere diese Linie (die gerade von Bamberg nach Nürnberg) verließen, trat das entgegengesetzte Verhältnis ein: sie hatten nur noch eine einzige Ver= bindung mit ihrer Basis, der Erzherzog kam in den Besitz aller

Verbindungen zur Donau und nach Böhmen. Jourdan konnte nur mehr durch einen langen Umweg über Bamberg auf die österreichi= schen Verbindungen wirken, der Erzherzog bedurfte nur eines kurzen Marsches . . . um jene der Franzosen zu gewinnen."

In diesen Darlegungen ist dem geometrischen Element der Kriegführung eine ganz außerordentliche Bedeutung zugemessen; da erscheint nicht die Schlacht als das Entscheidende im Krieg, sondern Gewinnen der feindlichen Verbindungen unter gleichzeitigem Schutz der eigenen. Wenn diese Erwägungen auch dem Erzherzog von 1796 angehörten — und ganz sicher war dies der Fall — einem numerisch und moralisch schwächeren, schon bis zur beginnenden Auflösung gehetzten Feind gegenüber, dann ist das Thun und Lassen der Österreicher am 29. und 30. August aus ihnen heraus völlig erklärt. Dann war es in der That nur die gelungene Fortsetzung des bei Neumarkt am 24. begonnenen Manövers, und der Erzherzog mußte es in diesem Sinne mit Genugthuung begrüßen, daß Jourdan am 29. bei Forchheim, am 30. am Main ohne Schwertstreich zum Abzug gebracht, zum Ab= zug gelangt, d. h. wiederum einer Waffen=Entscheidung, einer Nieder= lage entgangen war.

Vollauf bestätigt dies der österreichische Feldherr selbst: „der Erzherzog befand sich (nun) in der vorteilhaften Lage, seinen Zweck durch bloße Bewegungen zu erreichen . . . Er hoffte durch eine rasche Vorrückung in der Flanke des Gegners dessen weiteren Rückzug zu erwirken."

Dieser Absicht entsprang der Marsch nach Würzburg. Wiederum war es ein Vorgreifen „auf der inneren Linie", ein Fassen nach des Gegners Rückzugslinie. Und wiederum war dies der erste, der eigent= liche Zweck; nicht, den Feind zum Stehen zu bringen, ihn zu schlagen. [1])

---

[1]) „Nachdem . . . die Gelegenheit zu einer Schlacht geschwunden war, be= schloß der Erzherzog . . . eine solche bei Würzburg neuerdings zu suchen." Dies sind Angeli's Worte, nicht des Erzherzogs; des letzteren um so weniger, als er wohl kaum vorher wissen konnte, daß Jourdan von Schweinfurt nach Würzburg gehen werde.

VI.

31. August und 1. September.
(Marſch der Öſterreicher nach Würzburg.)

Der Erzherzog hat, wahrſcheinlich am 30., einige Veränderungen in der Ordre de bataille vorgenommen; in ſeiner Geſchichte des Feldzugs gibt er eine ſolche zum 31. Auguſt, welche nicht ganz mit jener übereinſtimmt, in der er von Amberg abrückte, und welche ſtatt 132 Esk. nur mehr 130, wohl aber noch die gleiche Zahl Bataillone, 54, nachweiſt. Die F.=M.=L. Graf Sztarray und Kray, wovon erſterer in der Funktion eines Feldzeugmeiſters aufgeführt iſt, wurden etwas an Truppen geſchmälert, dagegen Hoße verſtärkt, und für General Elsniß, ſeiner demnächſtigen Beſtimmung entſprechend, eine beſondere Abteilung zurechtgemacht.

Die Armee ſtellte ſich nun ſo dar:

	Bataillone	Eskadrons
Liechtenſtein	3	16
Hoße	8	13
Sztarray	13	17
Kray	13	41
Wartensleben	12	26
Elsniß	5	17

Auch hier ſind in der Zuſammenfügung von Fuß= und Reiter= truppen taktiſche Geſichtspunkte nur inſofern zu erkennen, als jene Glieder des Heeres, welche ſtets zunächſt am Feind verwendet werden, und den allgemeinen Charakter von Avantgarden tragen ſollten, Liechtenſtein, Elsniß und Kray, weder Grenadiere noch Küraſſiere beſaßen; die erſteren waren nur bei Hoße (2), Sztarray (6) und Wartensleben (8 Bataill.), die Küraſſiere bei letzteren beiden (6 bez. 12 Esk.) verteilt.[1] Eine Geltendmachung der großen Überlegenheit an Reiterei aber war ſowohl für den weiter ausgreifenden ſtrategiſchen Dienſt wie für eine gebietende Rolle auf dem Schlachtfeld ſchon durch

---

[1] Die Grenadiere und ſchwere Kavallerie thaten z. B. keinen Vorpoſten= dienſt. Bataillone, denen man Erholung gönnen wollte, wurden daher Grenadier= Brigaden beigeſellt. Wie häufig bei Liechtenſtein's Infanterie, die ſtändig ſehr angeſtrengt war, Änderungen eintraten, iſt gelegentlich bemerkt worden.

die Ordre de bataille geradezu unterbunden und mußte, wollte man
sie für das Gefecht erzielen, durch Störung der regelmäßigen Befehls=
verbände erst geschaffen werden. Auch die Untereinteilung nach Bri=
gaden und Regimentern zeigt gegen die Ordre de bataille beim
Donau=Übergang Verschiedenheiten. Während damals die unmittel=
bar unter dem Oberfeldherrn stehenden Corps der Feldmarschall=
Lieutenants aus reinen Infanterie= und Kavallerie=Brigaden zusam=
mengesetzt waren, finden sich nunmehr unter Hotze und Kray Brigadiers,
welche selbst wieder Infanterie und Reiterei in gemeinsamem Verband
und in gleichartiger schematischer Zusammenfügung befehligten. Wie
sehr mußte dies die Truppenleitung erschweren, die Ausnützung der
einzelnen Waffengattung zersplittern! Und weiters ist zu verfolgen,
wie z. B. ein Brigadegeneral, der seither unter Hotze stand, nunmehr
zu Sztarray gehört, während die ihm bislang unterstellt gewesenen
Truppen in einer andern Brigade Hotze's mit untergesteckt sind, u. f. w.

Des Erzherzogs Befehl für den 31. wandte sich für die bei
Burg Ebrach vereinigten Truppen an Sztarray, und leitete:

Liechtenstein um 5 Uhr morgens nach Dankenfeld (zwischen Burg
Ebrach und Eltmann); sobald er überzeugt sei, daß keine französischen
Abteilungen am südlichen Main=Ufer seien, weiter nach Ober=Steinbach
an der Straße nach Gerolzhofen;

Hotze nach Ober=Schwarzach, eine Vorhut nach Neuses am Sand,
beides nahe bez. an der Würzburger Straße;

Sztarray nach (Kloster=)Ebrach, eine Meile hinter Hotze;[1]
Kray längs des Mains nach Eltmann und Sand;

Wartensleben, hiebei der Erzherzog, von Hirschaid nach Burg
Ebrach.

Ferner Elsnitz, der wie es scheint Kray unterstellt war, von
Bamberg aus auf das rechte Main=Ufer, dem Feinde nach gegen
Zeil; er kam an diesem Tag bis Stettfeld.

Erst in Bamberg oder während des weiteren Marsches erhielt
der Erzherzog Kunde, daß die Franzosen in der Richtung nach
Schweinfurt längst den Main und Eltmann hinter sich hätten, und

---

[1] Liechtenstein=Tagebuch.

er steigerte daher für den Tag auch die Raumgewinnung der eigenen Armee; Sztarray hatte nun bis Ober-Schwarzach zu gehen, Hotze bis Reuses; ersterer besetzte von dort aus die Mainbrücke bei Kitzingen, letzterer Stadt- (b. h. Münster-) Schwarzach; Liechtenstein aber sollte sich in sein altes Verhältnis als Vorhut der ganzen Armee, und auf der Würzburger Straße wieder vor Hotze setzen. Diese letztere Verfügung erscheint in unserem modernen Sinne allerdings als ein Akt ziemlicher Schwerfälligkeit in der Heeresleitung; sie erklärt sich aber durch die ungleichartige Zusammensetzung der einzelnen Corps, und durch Liechtenstein's Rolle als ständige Vorhut der Armee; nur bedingte sie für ihn von seinem ersten Marschziel Ober-Steinbach im Steigerwald weg einen weiteren Marsch von mindestens 5 Meilen. Am 1. September früh 6 Uhr traf Liechtenstein bei Kitzingen am Main ein; nach 5stündiger Rast brach er wieder auf. [1]

Am 1. September konnte Kray, dem die Deckung der rechten Flanke der Armee oblag, nach einer Erkundung von Elsnitz melden, daß das Gros der Franzosen nicht, wie verlautet hatte, nach der Saale marschiert sei, und rückte daher selbst nach Gerolzhofen; der Erzherzog mit Wartensleben zog nach Ober-Schwarzach — gleich Kray also in einer Richtung gegen den Main, in der man auf keine Brücke traf —, und schob die vorderen Staffeln über den Main. Sie betraten bei Kitzingen die langgezogene enge Schleife des Flusses, an deren westlichem Arme Würzburg liegt. Liechtenstein verließ Kitzingen um 11 Uhr vormittags, besetzte Bibergau, Effeldorf, Euerfeld, und schloß durch Vorposten von Prosselsheim über Rothof bis zum Kürnach-Grund östlich Würzburg den Mainbogen ab; seine leichten Reiter streiften südlich bis Ochsenfurt, nördlich bis zur Linie Dipbach—Gramschatz—Karlstadt, und brachten manchen Fang an französischen Transporten auf. [2] Hotze überschritt den Main bei Kitzingen gegen Mittag mit seinem Gros und rückte über Rottendorf gegen Würzburg, während er General Kienmayer mit 2 Batail., 4 Esk. bei Sommershausen wieder auf das linke Mainufer, und auf

---

[1] Liechtenstein-Tagebuch.
[2] Tagebuch. Mainbrücken gab es damals nur bei Kitzingen und Schweinfurt; bei Stadt-Schwarzach nicht. Von Kitzingen abwärts hatten die Franzosen den Main als Wasserstraße benützt.

diesem gegen Würzburg sandte; wir werden beide dort finden. Sztarray folgte um 2 Uhr über den Main und bezog ein Lager zwischen Reppersdorf und Bibelried.[1]) Elsnitz am nördlichen Main= ufer rückte vor bis Haßfurt und Theres.

Würzburg[2]) besaß damals am rechten Mainufer eine geschlossene bastionierte Umwallung, auf dem Marienberg am linken Ufer eine große, die Stadt völlig beherrschende Citadelle. Der Fürstbischof, Freiherr von Fechenbach, der letzte vor dem Übergang des Bistums an Bayern, hatte seine Residenz und sein Land am 18. Juli verlassen; am 23. waren bei Wartensleben's Rückzug die letzten österreichischen Truppen abgegangen; am 24. hatte die Division Championnet Festung und Citadelle besetzt; die kleine würzburgische Garnison hatten die Franzosen auf Ehrenwort ziehen lassen. Kommandant war zunächst Oberst Chauvel, seit 25. August Oberst Depôtre (Depottre).

Nach den Ereignissen von Amberg erklärte dieser den Blokade= zustand; die Thore wurden geschlossen, der Dienst verschärft; man forderte den Bürgern die Waffen ab, konsignierte die in der Stadt gebliebenen bischöflichen Soldaten und schritt am 31. zu jener zweiten Abschieds=Brandschatzung, welche die Kriegskommissäre allen größeren

---

[1]) Nach Angeli am 1. bloß mit einer Avantgarde; das Gros blieb nach ihm am 1. bei Kitzingen und schloß erst am 2. vormittags auf die Avantgarde bei Reppersdorf auf.

[2]) Über die Franzosen in Franken und Würzburg vgl. Fries, Würzburger Chronik, 1848, II. Würzburger Intelligenzblatt 1796. Fränkischer Merkur 1796. Nr. 39, 42, 50.

Die Bibliothek der Universität Würzburg besitzt eine Sammlung von Aktenstücken gleichen Betreffs; Proklamationen, Kapitulationen (24. Juli und 4. September), Kontributionen, Beziehungen der Stadt zu den Franzosen, zum Erzherzog und zur österreichischen Garnison, Kriegsschäden. Dazu eine Reihe ge= druckter und ungedruckter Poesien und Flugblätter anläßlich der Würzburger Schlacht.

Zu erwähnen ist ferner als nicht nur lokalgeschichtlich wichtig, sondern auch für innere Zustände der französischen Armee und die Verhältnisse auf ihren Etappen sehr anschaulich, ein handschriftliches, mit großer Sorgfalt vom 14. Juli bis 7. September 1796 geführtes Tagebuch des Würzburger Dom=Kapitulars Jenum. Original im Besitz des historischen Vereins für Unterfranken zu Würz= burg, Abschrift in der Bibliothek des bayer. 9. Inf.=Regts. Wrede ebenda.

Städten auflegten, sobald man sich in ihnen nicht mehr sicher fühlte.[1] Die Bevölkerung machte sich überdies auf eine allgemeine Plünderung gefaßt und traf Verteidigungsvorkehrungen in den Häusern. Am 1. September kurz nach Mittag traf der Artillerie-General Bollemont aus dem Stab Jourdan's in Würzburg ein, um Munitionsangelegenheiten der Armee zu betreiben. Jourdan hatte keinerlei Maßregeln zur Sicherheit und Behauptung des Platzes getroffen, der für die Armee aus mehr als einem Gesichtspunkte wertvoll war. Die Garnison mag damals etwa 800 Köpfe — „ein Bataillon von 600 Mann und einige außer Verband Stehende" sagt Jourdan — betragen haben; jedenfalls schlecht organisiert, ohne allen Erkundungsdienst außerhalb des Platzes, und weder von Seite der französischen Heeresleitung noch durch eigene Hilfsmittel und Thätigkeit über den Feind im mindesten unterrichtet.

Sonst wäre doch kaum zu erklären, wie es einer Handvoll Reitern Hotze's, einem Rittmeister mit 15 Mann vom Chevauxlegers-Regiment Kaiser, gelingen konnte, die Festung gegen 2 Uhr nachmittags so völlig zu überraschen. Sie hatten französische Fuhrknechte auf der Straße von Rottendorf her verfolgt, drangen mit diesen durch das Festungsthor und durchjagten die Stadt. Bald folgte mehr Kavallerie, einige Bürger halfen das inzwischen geschlossene Festungsthor wieder öffnen; dann kam Infanterie — etwa um 5 Uhr gehörte der rechtsmainische Hauptteil Würzburg's den Österreichern.[2] Die auf das vollkommenste überraschten Franzosen hatten sich zu keinem einheitlichen Widerstand zurecht finden können und sich bald nach dem Stadtteil links des Flusses und in die Citadelle zurückgezogen, welche

---

[1] So auch in Nürnberg und Amberg. In der Reichsstadt waren Liechtenstein's Reiter eben recht gekommen, um den Vollzug zu hindern; auch hier in Würzburg wie in Amberg gelang die Beitreibung der verlangten Gelder nicht mehr.

[2] Ausführliche Schilderung der Überrumpelung am 1. September aus Zenum's Tagebuch abgedruckt bei „Schneidawind, Carl, Erzherzog von Österreich rettet Franken u. s. w. Aschaffenburg 1835."

Jourdan in seinen Memoiren gleitet mit einigen harmlosen Wendungen über den Vorfall hinweg. Kapituliert haben mit der Citadelle am 4. September 800 Mann nach Angabe des Erzherzogs, 1200 nach Liechtenstein; Jourdan sagt 700.

Die Angabe Angeli's, die Garnison sei Hotze bis auf den Galgenberg entgegengerückt und habe dort ein nachteiliges Gefecht mit seiner Vorhut bestanden, entbehrt jeder Begründung.

indeſſen nicht verproviantiert war; General Vollemont übernahm dort das Kommando.

F.=M.=L. Hotze legte 2 Bataillone in die Stadt, und ließ die (damals einzige) Mainbrücke mit Geſchütz beſetzen. Der Reſt ſeiner Truppen, noch 4 Bataillone, 9 Eskadrons, lagerte vor der Feſtung auf der Höhe des Galgenbergs; ihre Vorpoſten ſchloſſen am Kürnach= Grund bei Lengfeld an jene Liechtenſtein's an.

Von 4 Uhr nachmittags an unterhielten die Franzoſen aus der Citadelle eine Kanonade gegen die Öſterreicher ſowohl auf dem Galgen= berg wie in der Stadt. Eine Aufforderung zur Übergabe hatte General Vollemont abgelehnt. Am 2. September früh gegen 8 Uhr aber erſchien nach einem Nachtquartier in Lindflur aus dem Guttenberger Wald General Kien= mayer auf dem Nicolausberg, unmittelbar ſüdlich der tiefer liegenden Citadelle und brachte Geſchütz gegen dieſe in Thätigkeit[1]).

Die franzöſiſche Armee hielt in ihrer Aufſtellung bei Schwein= furt und Lauringen am 1. September Raſttag; es war ſeit Amberg der erſte Tag, an dem ſie es in Rückſicht auf den Feind wagen konnte. Zweifellos hat Jourdan, wie von mancher Seite hervor= gehoben worden iſt, durch die Ruhe am 1. ſeine Lage für den 2.

---

[1]) Bewegungen der Öſterreicher vom 29. Anguſt bis 1. September.

	Liechtenſtein:	Hotze:	Sztarray:	Kray:	Armee=Reſerve:	Elsnitz:
	3. 16.	6. 11.	15. 21.	18. 58.	12. 26.	5. 17.
28.	Burg=	Mühl=	Höchſtadt.	Neunkirchen,	Heroldsberg oder	
	Ebrach).	hauſen.		Baiersdorf.	Eſchenau.	
29.	Eltmann; dann	Burg	Hemhofen,	Forchheim.	Pinzberg.	Von
	zurück nach	Ebrach).	Detaſch.			Pegnitz
	Burg Ebrach).		Seußling.			über
30.		Burg Ebrach).		Hirſchaid,		Hollfeld
				Avantgarde Bamberg.		und
	Liechtenſtein:	Hotze:	Sztarray:	Kray:	Wartensleben:	Bamberg
	3. 16.	8. 13.	13. 17.	13. 41.	12. 26.	nach
31.	Ober=Steinbach),	Neuſes.	Ober=	Eltmann,	Burg=Ebrach).	Stettfeld.
	dann		Schwarzach.	Sand.		
	Kitzingen.					
1.	Biebergau	Würzburg,	Neppern=	Gerolz=	Ober=	Haßfurt,
	u. Gegend.	Detaſchement	dorf bz.	hofen.	Schwarzach).	Theres.
		Lindflur.	Kitzingen.			

und 3. weniger günstig gestaltet, als sie es hätte werden können; vielleicht wäre ihm auch ohne diesen Rasttag Würzburg erhalten geblieben. Aber der Zustand der Armee war wohl ein derartiger, daß ein Tag der inneren Sammlung und Kräftigung ganz unabweisbar erschien, sollte nicht Alles aus den Fugen gehen. Die Armee hatte seit dem 23. mehr Nächte zum Marschieren als zur Ruhe benützt, die Zahl der Nachzügler und Marodeurs stieg bedenklich); sie hatte empfindlichen Mangel an Lebensmitteln gelitten, teils wegen des gänzlichen Fehlens organisierter Verpflegsanstalten, teils weil sie u. a. Wege zurückmachen mußte, auf denen sie schon einmal gewesen war. Die Zügellosigkeit der Truppen stieg in's Ungemessene. Vermutlich ist dies die Veranlassung gewesen zu jenen „Veränderungen, welche das Wohl des Dienstes erheischte," zu denen sich Jourdan hier genötigt sah, und welche vornehmlich in Auflösung der Division Collaud und Untersteckung ihrer Teile in die anderen Divisionen bestanden. Überdies sind Mißhelligkeiten zwischen Jourdan und seinen Generalen ausgebrochen, welche er als „augenblickliche leichte Uneinigkeit zwischen dem Feldherrn und einigen Generalen" auch zugibt. Wir wissen nicht, welcher Art diese Irrungen waren; Jourdan hebt hervor, daß an ihnen Collaud nicht beteiligt war; aber die Generale Collaud und Kleber verließen als krank das Heer, und Jourdan fand für nötig, einen seiner General-Adjutanten nach Paris zu senden, um dort seine Enthebung vom Kommando anzubieten. Auch Bernadotte erkrankte in Schweinfurt und begab sich zurück; er wurde durch General Simon ersetzt. Die Armee aber ward mit der seitherigen Gesamtzahl an Truppeneinheiten in 4 statt in 5 Infanterie-Divisionen formiert, und setzte sich seit 1. September folgendermaßen zusammen:

Infanterie-Division Lefebvre	. 18 Bataill.,	19 Esk.,
„ Grenier	. 10 „	12 „
„ Championnet	12 „	8 „
„ Simon	. 11 „	15 „
Kavallerie-Division Bonnaud	. — „	16 „ [1]).

---

[1] In den „Mémoires du maréchal Ney Paris 1833" ist ein Auszug des Schreibens von Jourdan an das Direktorium vom 1. September gegeben, in welchem er bekennt, das Vertrauen seiner Generale verloren zu haben. Ney nimmt nicht das Wort, dies zu bestreiten. Bei Chuquet sind diese Vorgänge, welche

Die Quellen enthalten nichts über Meutereien, welche zu Schwein=
furt bei den Truppen ausbrachen oder auszubrechen drohten — wenn
es nicht eben bei Collaud's Division der Fall gewesen war —,
worüber eine spätere Darstellung unterrichtet sein will[1]); allein nach
gleichzeitigen Schilderungen der inneren Zustände der Armee schon vor
diesem Zeitpunkt müssen zwischen Offizieren und Soldaten Meinungs=
verschiedenheiten, wobei die letzteren ihren Willen durchsetzten, möglich
und nicht ganz selten gewesen sein[2]). Fraglos unwahr ist es, wenn
Jourdan den Geist der zu Schweinfurt versammelten Truppen als
einen vorzüglichen darstellt.

Über die Zustände hinter der Front wird erzählt, daß Kuriere
der Franzosen, kleine Transporte u. s. w. von Würzburg aus sich
nicht mehr durch den Spessart getrauten; daß man die Wege nach
Aschaffenburg mehrmals wechselte, und lieber über Wertheim oder ganz
längs des Main ging[3]); es scheint sogar, daß schon zu dieser Zeit die
Nachrichtenverbindung zwischen dem Heer und Paris durch die Spessarter
Bauern zeitweilig ganz unterbrochen war[4]).

z. B. von Jomini gänzlich übergangen werden, verschleiert durch die Bemerkung,
daß die Erkrankung der drei Generale in der Organisation der Armee eine Ände-
rung nötig gemacht habe. Bernadotte hat an der Lahn übrigens die Führung
seiner Division wieder übernommen; über seine Erkrankung zu Schweinfurt vergl.
Fränkischer Merkur 1796, Nr. 45.

Angeli überliefert die Notiz einer Frankfurter Zeitung vom 17. September
1796, wonach Collaud am 7. auf dem Weg nach Paris unter Bewachung Wetzlar
passierte, und Posselt's Annalen 1796 brachten im Dezemberheft die Nachricht, er sei
seiner Stellung entsetzt worden, als hauptsächlich beteiligt an den Ausschreitungen
der Armee in Deutschland.

[1]) Archiv für Offiziere aller Waffen 1848 I. „Die Schlacht bei Würzburg."

[2]) Z. B. bei „Soden, die Franzosen in Franken, Nürnberg 1797."

Selbst Jourdan sagt am Ende seiner Memoiren: „Es ist traurig, daß man
die Mannszucht der Armee nicht loben kann .... da die Offiziere nur von
Plünderung leben konnten (sie erhielten so gut wie nichts an Gehalt), zollte ihnen
der Soldat nur die Achtung, welche ihnen Tapferkeit im Gefecht erwarb."

[3]) Tagebuch von Jenum.

[4]) Posselt's Annalen 1796 Oktober geben das Fragment eines wahrschein=
lich abgefangenen Berichts von Jourdan an das Direktorium vom 31. August, in
dem es heißt: „Es sind nun 7 Tage, daß ich von aller Kommunikation abge=
schnitten bin und nicht weiß, was sich gegen Mainz oder anderswo zuträgt."
Auch der nach Paris gesandte Adjutant — Posselt bezeichnet irrig den Chef des

Die österreichische Kavallerie hatte seit Amberg aber auch keinen Kurier Moreau's zu Jourdan gelangen lassen. Erst am 31. August zu Schweinfurt erhielt er Mitteilung, Augsburg 25., über das Gefecht bei Friedberg am Lech vom Tag vorher. Moreau übertreibt stark, indem er dabei das Korps Latour als vollkommen geschlagen und zer=streut bezeichnet; er fügt bei, seine Vortruppen stünden 4 oder 5 Stunden vor München, und er sei im Begriff, an die Isar zu marschieren; der Erzherzog habe nur 18 Bataillone und 1 oder 2 Kavallerie=Regimenter mit zu Wartensleben genommen, und werde sich nun wohl wieder gegen ihn (Moreau) wenden [1]).

Es ist durchaus begreiflich, daß dieser Brief Jourdan, wie er erzählt, wesentlich in seinem Entschluß bestärkt, vielleicht diesen erst hervorgerufen hat, von Schweinfurt aus nicht den Rückzug in der geradesten Richtung über Gemünden nach Hanau fortzusetzen, sondern in der Main=Schleife von Würzburg zu halten, wenn nötig zu schlagen. Die Annahme, daß der Erzherzog sich in Folge der Vorgänge am Lech durch Entsendungen zu Latour geschwächt habe oder es thun werde, war sicher nicht abzuweisen — sie war ja, soweit Nauendorf's Entsendung in Frage kam, auch richtig —, und die ganze Haltung der Österreicher seit dem 28. konnte wohl als eine Bekräftigung dieser Annahme gedeutet werden.

Die Maas = Sambre = Armee mußte alles aufbieten, damit nicht ihr Rückzug die Erfolge des Rhein=Mosel=Heeres in Frage stelle. Jetzt hatte sie ein leidliches Verhältnis zu ihrer Rückzugsstraße wieder gewonnen; der Besitz von Würzburg, eine Aufstellung in dessen Nähe konnte dies Verhältnis nur bessern, die ferneren Operationen nur er=leichtern, gab u. a. auch bessere Wege durch den Spessart als die Richtung über Gemünden; ein eigener Waffenerfolg aber irgendwo in der Main=Schleife, oder ein weiteres Vordringen Moreau's konnte auch den Weg nach Nürnberg wieder öffnen [2]).

Stabs General Ernouf — ist im Spessart von Bauern überfallen worden und kam mit Mühe davon.

[1]) In einem späteren Brief vom 2. September teilt Moreau mit, der Erz=herzog sei mit nur 12 Bataillonen, aber mit 5 Reiter=Regimentern über die Donau gegangen. Man kann nicht anders urteilen, als daß Jourdan durch Moreau's Briefe wiederholt übel bedient worden ist; auch hier versprach er mehr als er hielt.

[2]) Im Liechtenstein = Tagebuch ist ein am 1. September abgefangenes Schreiben Jourdan's an Moreau mitgeteilt, worin es heißt: „Ich werde trachten,

In solchen Erwägungen wird man Jourdan beipflichten; es wäre nicht richtig, des Mißerfolgs am 3. halber gegenteilig zu urteilen. Nur durfte er kaum annehmen, dem Feind am 2. bei Dettelbach und Kitzingen zur Verwehrung des Main=Übergangs noch zuvorzukommen, und mit dieser Hoffnung scheint sich Jourdan getragen zu haben, bis er am Abend des 1. das Erscheinen der Österreicher vor Würzburg — nicht aber den Verlust der Stadt —, ihre Anwesenheit in Haßfurt und Gerolzhofen erfuhr. Gleichwohl setzte er noch am Abend des 1. die Kavallerie=Division Bonnaud[1]) in Marsch über Werneck und Bergtheim gegen Würzburg, und nachts um 2 Uhr (wieder ein Nachtmarsch!) brach er selbst mit den Divisionen Simon (Bernadotte) und Championnet ebendahin auf; sein nächstliegender Zweck war wohl, sich baldmöglichst aller jener Vorteile zu versichern, welche ihm der Besitz Würzburg's und dessen Lage bieten konnte, und es scheint, daß ihm erst jetzt Besorgnisse der Festung halber entstanden waren. Grenier hatte zu folgen, sobald er von Lauringen her durch Lefebvre abgelöst wäre, und dieser sollte bei Schweinfurt bleiben zur Deckung gegen die österreichischen Korps bei Haßfurt und Gerolzhofen und eines etwa nötig werdenden Rückzugs nach der Saale, bei Hammelburg oder Gemünden. Zweifellos mußte Elsnitz, der ja schon am rechten Main=Ufer stand, vom Rücken der Armee ferngehalten werden, bis sie die Verbindung von Schweinfurt nach der Saale entbehren, und durch jene über Würzburg ersetzen konnte. Aber es war vielleicht nicht völlig gewürdigt, daß nichts so sicher als ein Sieg in der Main= Schleife hiezu verhelfen würde; und daß gegen Elsnitz eine Division, die stärkste der viere, an Infanterie ein gutes Dritteil des Heeres verwendet wurde, erinnert in nicht ganz günstigem Sinn an die ähnlichen Maßnahmen Jourdan's am 29. und 30. August. Es hat diese Verfügung zunächst zur Folge gehabt, daß die Division Grenier erst

sobald es angeht, wieder vorzurücken und Nürnberg zu gewinnen, sobald der Erzherzog mir etwas Luft läßt."

[1]) Sie ist um eine Eskadron leichter Kavallerie verstärkt worden; ein Hinweis, wie sehr sie „Reserve=Kavallerie" war, wie wenig Kavallerie=Division im heutigen Sinne.

Cornaro, strateg. Betrachtungen tadeln die Marschordnung Jourdan's und besonders die Verwendung der Division Bonnaud um Würzburg zu stützen sehr scharf; es will ihnen aber nicht gelingen, etwas wesentlich Besseres vorzuschlagen, was rasch ausführbar gewesen wäre.

spät am 2. von Schweinfurt wegkam und für diesen Gefechtstag auch
sie ausfiel; die Anordnung machte den ganzen Vormarsch zu einer
halben Maßregel, und sie hat wahrscheinlich am 3. Jourdan die
Schlacht und den Feldzug gekostet[1).

Jourdan wird am 1. September in 51 Bataillonen, 70 Eskadrons
40—41000 Mann stark gewesen sein, darunter etwa 34000 an
Infanterie. Es stimmt dies ziemlich überein mit seinen eigenen Angaben, welche für Lefebvre 12500 Mann ansetzen, und so geltend
machen, daß bei Würzburg nicht viel über 28000 (einschlüffig Artillerie)
gefochten haben.

Die Österreicher in 54 Bataillonen, 130 Eskadrons mögen mit
56000 Mann, worunter 40000 an Infanterie nicht zu hoch veranschlagt sein; es wird noch Gelegenheit sein zu bemerken, was alles
der Erzherzog abgerechnet haben kann, wenn er 31000 Mann Infanterie
und 13000 Pferde als am 3. im Gefechte gewesen angibt. Jedenfalls hat der Erzherzog an Infanterie keine erdrückende Überlegenheit
für sich gehabt.

VII.

2. und 3. September.

(Schlacht bei Würzburg.)

Wir haben die österreichische Armee am Abend des 1. September,
wie schon wiederholt in zwei weit getrennten Gruppen verlassen. Links
Hotze in Würzburg und auf der Höhe dicht südöstlich der Stadt, mit
einer Abteilung unter Kienmayer am linken Main-Ufer. Liechtenstein
mit seinem Gros bei Biebergau, dahinter Sztarray, der Führer dieser
ganzen Gruppe bei Repperndorf. Rechts Kray bei Gerolzhofen,
Wartensleben und der Erzherzog bei Ober-Schwarzach; abgesondert
am rechten Main-Ufer Elsnitz bei Haßfurt und Theres. (Skizze 4.)
Die Armee überspannte der bei Schweinfurt und Lauringen versammelten französischen gegenüber einen Bogen von etwa 9 Meilen;
der Main und 4 Meilen Wegs trennten den Erzherzog von seiner
linken Gruppe; wiederum konnte diese von Jourdan, der nur wenig

---

[1) Augenscheinlich hat hier eine erste unzweckmäßige Maßregel, Kleber's
Verschiebung nach Lauringen am 31., eine zweite, die Belassung gerade einer von
dort hergezogenen Division bei Schweinfurt unmittelbar nach sich gezogen.

weiter von ihr entfernt war, erreicht und geschlagen sein, ehe man es im österreichischen Hauptquartier auch nur erfuhr.

Der Erzherzog hat für den 2. September keinerlei Bewegungen seiner Armee angeordnet; wartend, was Jourdan beginnen würde, beschränkte er sich vollkommen auf die konsequente Fortführung des seitherigen Manövers; er hielt seinen rechten Flügel, Kray und Wartensleben, streng zwischen dem Feind und seiner eigenen Anmarschstraße — „auf seiner Rückzugslinie" —, und ließ: „einige leichte Truppen auf der Straße von Gemünden vorrücken, um die feindliche Armee zum Abmarsch von Schweinfurt zu bewegen." Es erinnert an die Lage am 29. August, wenn wir auch hier in dem Antasten von Jourdan's Rückzugsstraße eine Aufforderung an ihn erblicken, seinen Rückzug ohne Gefecht fortzusetzen, und zwar von Schweinfurt aus unmittelbar hinüber nach Gemünden. Wie abhängig von buchstäblichster Unverletzlichkeit der Operationslinie müssen dem Erzherzog die größeren Züge der Kriegshandlung erschienen sein, wenn er von „einigen leichten Truppen" eine so starke Beeinflussung der gegnerischen Armee erwartete. Überdies kann jene Entsendung von Kavallerie nach der Gemünder Straße nur sehr unbedeutend gewesen sein; denn Liechtenstein, dem sie nach der ganzen Lage zufallen mußte, erwähnt von ihr nichts[1]). Traf dann die Erwartung feindlichen Abmarsches zu, so sollten die Korps Kray und Wartensleben — nicht etwa dem Feind folgen, sondern — rasch gegen Würzburg aufbrechen, also wieder auf der inneren Linie sich zwischen Jourdan und Moreau setzen. Zu diesem Zweck ward am 2. bei Stadt-Schwarzach eine Schiffbrücke über den Main geschlagen. Im übrigen blieben alle Truppen da stehen, wo sie der Vorabend gefunden hatte; es ist ersichtlich, daß der Erzherzog ein Vorgehen Jourdan's in die Main-Schleife ganz und gar nicht erwartete.

---

[1]) Es will nicht recht zusammenstimmen, wenn Angeli sagt: „Der Erzherzog war nur darüber in Sorge, daß Jourdan einer Schlacht ausweichen könnte," und daran die Erwähnung der Demonstration nach der Gemündener Straße knüpft als das Mittel um Jourdan „zum Abmarsch zu bewegen." Denn doch wohl nichts sicherer als solcher Abmarsch würde eine Schlacht in der Umgegend von Würzburg verhindert haben.

Auch Angeli übrigens weiß nichts Näheres (Führer, Truppenverband) über jene Entsendung leichter Reiterei.

Die französische Reiter-Division hatte 4 Meilen hinter sich, als sie am 2. vormittags bei Estenfeld auf Liechtenstein's Vortruppen stieß. Sie hielt mit ihrem Gros zunächst, scheint aber dann ganz, oder wenigstens zum größeren Teil über Rimpar in's Thal von Ober-Dürrbach gezogen zu sein, um von hier aus die Höhen unmittelbar nördlich Würzburg, den Steinberg zu erklimmen, Hotze's Vorposten von dort zu vertreiben, auch auf die Höhen zwischen Versbach und Lengfeld überzugreifen. Sie befand sich hier in einem für Reiterei sehr ungünstigen Gelände, und dies ist auch Liechtenstein, der bei Biebergau vom Erscheinen der französischen Reiter um ½11 Uhr Meldung hatte, nicht entgangen. Nur mochte er sich mit dem, was er abzüglich der Vorposten und Entsendungen an Kavallerie ge-schlossen zur Hand hatte, dem Feind doch nicht gewachsen fühlen, und erbat sich von Sztarray auch dessen Reiterei, um die französische Division wegzufegen. Sztarray schlug es ab, „um seine Truppen nicht durch partielle Unternehmungen zu ermüden"[1].

Gegen Mittag traf Jourdan mit den Divisionen Simon und Championnet bei Kürnach ein; er wird wohl spätestens hier Nachricht vom Verlust des rechtsmainischen Würzburg erhalten haben. Die Division Simon verfolgte die große Straße weiter, vertrieb die Öster-reicher aus Lengfeld, entwickelte sich gegen den von Norden seiner steil abfallenden Hänge halber sehr schwer angreifbaren Galgenberg, d. h. gegen Hotze, und nahm im Thalgrund vor dessen Front die Annmühle weg[2]; sie schob ferner 2 Batail. und 2 Esk. rechts auf den Stein-berg, und behauptete sich gegen wiederholte Vorstöße Hotze's auf den Höhen südwestlich und südlich Lengfeld beiderseits des Kürnacher Baches, wie auch in der Mühle. Vom Steinberg einerseits, und aus der Citadelle andrerseits unterhielten die Franzosen bis zur Nacht eine

---

[1] Liechtenstein-Tagebuch. Vergl. hiezu, was in ähnlichem Sinn vom 22. August überliefert ist.

Fürst Johann Liechtenstein, geb. 1760, seit 1787 und später bis 1809 un-ermüdlich vor dem Feind, ein trefflicher Reiterführer, war zweifellos der that-kräftigste und selbstthätigste General des Erzherzogs.. Hier bei Würzburg erwarb er sich das Kommandeurkreuz des Maria-Theresia-Ordens. Das Tagebuch in der ö. mil. Zeitschrift 1827 schließt mit einer schönen Charakteristik dieses ausgezeich-neten Mannes.

[2] Am Zusammenfluß des Kürnach- und Pleichach-Baches, heute in der Vorstadt, damals 1 km vor der Umwallung gelegen.

lebhafte Kanonade gegen die Stadt, wie gegen den Galgen= und Nicolaus=
berg, von welchen aus Holze und Kienmayer antworteten, während
der letztere Postierungen über Höchberg nach Zell am Main trieb,
und die Franzosen aus der Citadelle wiederholte aber erfolglose Ver=
suche machten, über die Mainbrücke weg und durch die Thore der
Hauptumwallung eine Verbindung mit den Ihrigen auf dem Stein=
berg zu gewinnen[1]).

Championnet dagegen marschierte um 2 Uhr nachmittags auf
in der Nähe von Kürnach, Front gegen Euerfeld und Rothof, d. h.
gegen Liechtenstein. Dieser hatte seine Truppen, an Infanterie nur
3 Bataillone, zwischen Euerfeld und Kürnach gesammelt und die vor=
liegenden Gehölze mit leichten Truppen besetzt. Um diese Gehölze ist
bis zur Nacht mit wechselndem Glück gekämpft worden, derart, daß
sie zunächst in französischen Besitz gerieten und Liechtenstein völlig
über den Seewieser Grund gegen Euerfeld zurückgedrängt ward, daß
er aber spät abends das große Waldstück „im Hart=Wald“ durch einen
kräftigen Gegenstoß zurückgewann, und die Division Championnet auf
das kleine Wäldchen östlich Kürnach beschränkte, welches vom Weg
nach Seligenstadt durchschnitten wird[2]). In diesem Gehölz war nachts
der äußerste linke Flügel der Franzosen; im übrigen blieb Championnet
auf dem östlichen Thalhang zwischen Kürnach und Estenfeld, während
Simon unter Belassung der Abteilung auf dem Steinberg und Fest=
haltung der Anmühle seine Division für die Nacht beiderseits Leng=
feld versammelte, auf der Höhe des östlichen Ufers jedenfalls mit
einem beträchtlichen Teil der Truppen. Bonnaud war aus dem

---

[1]) Eingehend beschrieben in Jenum's Tagebuch. Auch ihren Unterhalt
konnte die Citadellenbesatzung nur durch Plünderungsausfälle in den links=
mainischen Stadtteil beschaffen.

[2]) Das Wäldchen hieß nördlich dieses Wegs das Kürnacher=, südlich das
Sperler= oder Speyerles=Holz. Die Topographie des Schlachtfelds hat sich bis
heute wenig geändert. Nur waren die einzelnen Waldstücke, welche die Reichskarte
zwischen Euerfeld und Estenfeld—Lengfeld zeigt, damals mehr zusammenhängend;
der Teil im Hart=Wald hieß zu jener Zeit Kalter Grund, der Teil zwischen Rot=
hof und Estenfeld das Estenfelder Holz, und das Stück westlich des Wegs Notten=
dorf—Estenfeld, gegen Lengfeld zu, das heilige Holz.

Bei Chuquet ist der Rückschlag, welcher abends die Division Championnet
traf, verschwiegen.

schwierigen Gelände nördlich Würzburg weggezogen und für die Nacht nach Maidbronn gelegt worden; Jourdan nahm Quartier in Versbach[1]).

Auf österreichischer Seite blieb für die Nacht Verteilung und Aufstellung des Korps Hotze unverändert; der Feldmarschall=Lieutenant selbst begab sich spät am Abend nach Würzburg[2]). F.=M.=L. Graf Sztarray aber war in seinen Maßnahmen von verschiedenen Eindrücken beeinflußt worden. Auf Liechtenstein's erste Meldung vom Erscheinen Bonnaud's auf der Würzburger Straße, das der Graf richtig auf den Anmarsch der ganzen französischen Armee deutete, hatte er seine Truppen aus ihrem Lager westlich Repperndorf gleichfalls nach Würzburg in Marsch gesetzt. Als aber mittlerweile Liechtenstein bei Euerfeld angegriffen und so die Verbindungsstraße hinüber zum Erzherzog bedroht war, bog er, bis Rottendorf vorgelangt, hier rechts ab und nahm eine Aufstellung, zum Gefecht entwickelt, auf dem Plateau südwestlich Euerfeld, rechter Flügel nahe diesem Dorf, Front gegen die Gehölze beim Rothof, die zur Zeit seines Aufmarsches dort schon in französischer Hand waren. Ein paar Bataillone hatte er als Reserve auf dem Kapellenberg bei Rottendorf gelassen. Hierüber ging der Tag zur Neige; Sztarray deckte nun Dettelbach und Stadt= Schwarzach; allein er hat gegen die Division Championnet so wenig einen Schuß gethan, wie gegen Simon, und Liechtenstein ganz ohne unmittelbare Unterstützung gelassen[3]). So hat denn auch dieser von Euerfeld her seinen abendlichen Gegenstoß auf den Feind in den Ge= hölzen unternommen, nachdem vom Korps Sztarray „F.=M.=L. Graf Riesch mit 11 Schwadronen nahe genug herangerückt war, um im Notfall zur Aufnahme zu dienen." Liechtenstein, der ernste Verluste beklagte[4]), nächtigte bei Euerfeld und in dem wieder erkämpften Hart= wald; seine Postenlinie lief bis Prosselsheim; Sztarray aber wechselte

---

[1]) Jenum=Tagebuch.

[2]) Desgleichen.

[3]) Die Schilderung der Schlacht im Archiv für Offiziere aller Waffen er= zählt teilweise das Gegenteil; sie läßt sich aber hier, wie auch sonst vielfach, von selbstgemachten Annahmen leiten, die in den Quellen keine Begründung finden. Angeli läßt Sztarray bei dieser Aufstellung u. a. das Dorf Kürnach be= setzen; dies ist schlechterdings unmöglich und kann nur ein Versehen sein.

[4]) Tagebuch.

noch in den ersten Nachtstunden seine Aufstellung abermals. In der
Voraussetzung — oder aus dem Hauptquartier benachrichtigt (Angeli)
— daß der Erzherzog nicht säumen würde, mit dem noch östlich des
Main's stehenden Heerteil heranzurücken und daß Liechtenstein zur
Deckung des Main-Übergangs genüge, hielt er es für richtiger, sein
Korps nach dem linken Flügel hin zu verschieben, so daß es am 3. Hoße
und die Behauptung Würzburg's zu unterstützen vermöge. Demgemäß
stellte er sein Gros, 6 Bataillone mit 9 Eskadrons, auf die Höhe
unmittelbar nördlich Rottendorf, und den General Kaim mit 3 Grenadier-
bataillonen und 4 Eskadrons unmittelbar nördlich des heiligen Holzes,
etwa links vom Weg nach Estenfeld (auf „lange Ellern"); 3 Bataillone,
wahrscheinlich die aus (sonst 5) leichten Bataillonen bestehende Brigade
Monfrault, wurden in's Estenfelder Holz gesteckt, am Weg Estenfeld—
Rothof, und 4 überschießende Eskadrons unter Graf Riesch bei Euerfeld als Reserve hinter Liechtenstein belassen[1]). Die schwachen österreichischen Kräfte in der Mainschleife waren über einen Raum von
etwa 10 km verteilt; und von ihren 46 Schwadronen waren wohl
an keiner Stelle zwischen Würzburg und Prosselsheim mehr als 9
beisammen; bei Euerfeld aber sehen wir einen Feldmarschall-Lieutenant,
der beim Donau-Übergang unter dem Erzherzog 23 Esk. befehligt
hatte und nun in der Ordre de bataille unter Sztarray an der Spitze
von zwei Brigaden mit 17 Esk. stand, betraut mit der Führung von
4 Eskadrons, die schwerlich 500 Pferde zählten.

Der Erzherzog in Ober-Schwarzach hat am 2. September
Meldung über das Erscheinen der Franzosen vor Würzburg erst am
Nachmittag erhalten. Er mußte sich gestehen, daß sein Gegner wiederum,
wie am 29., ihm die Initiative aus der Hand genommen habe. Den
Tag über zuwartend, ob der Feind nicht abmarschieren wolle, war er
nun von dessen so ganz anders geartetem Verhalten wohl nicht eben
angenehm überrascht. Wenn Jourdan durch den Rasttag am 1. September sich die Österreicher in der Mainschleife zuvorkommen lassen
mußte, so hatte der Erzherzog seinerseits den 2. völlig verloren, um

---

[1]) Die Verteilung der Truppen nach des Erzherzogs und Liechtenstein's
Angaben; sie weichen etwas ab von denen Angeli's. (Ein, nach Angeli zwei Bataillone Sztarray's, waren an der Brücke bei Kißingen geblieben. Die beiden
turbanerischen Bataillone müssen sich beim Gros nördlich Rottendorf befunden haben.

seine Armee so zu gruppieren, daß nicht ein Teil ohne den andern
vom Feind betroffen werden konnte, und es ist nur ein aus dem
schließlichen Waffenerfolg des 3. rückwärts abgeleitetes Urteil, wenn
der Erzherzog (am Schluß des der Schilderung der Schlacht vorhergehenden Abschnitts) von den Bewegungen seit 31. August sagt: „Die
Österreicher bahnten sich den Weg zum Sieg durch die vorbereitete
Möglichkeit, die ganze Armee früher zu vereinigen, als es zu einer
entscheidenden Schlacht kommen konnte." Er selbst hebt dies Urteil
bei den Betrachtungen über die Schlacht wieder auf; denn er nimmt
nicht Anstand zu bemerken, daß er am 2. sehr viel besser nach Stadt-
Schwarzach vorgerückt wäre, statt bei Ober-Schwarzach und Gerolzhofen stehen zu bleiben. Auch davon muß der Erzherzog am Abend
des 2. unterrichtet gewesen sein, daß ein Teil der Franzosen (Lefebvre)
bei Schweinfurt verblieben war. Er traf folgende Anordnungen:
F.-M.-L. Kray bricht von Gerolzhofen noch in der Nacht auf mit
9 Bataill. 33 Esk. und soll die Brücke bei Stadt-Schwarzach vor
Wartensleben überschreiten; dieser hat von Ober-Schwarzach mit
8 Bataill. 24 Esk. nach Tagesanbruch an der Brücke einzutreffen;
Elsnitz bleibt am rechten, F.-M.-L. Staader mit 5 Bataill. 9 Esk.
am linken Main-Ufer zur Beobachtung der Franzosen bei Schweinfurt[1]).

An diesen Verfügungen fällt auf, daß die entferntere Kolonne,
Kray, vor der näher an der Brücke liegenden über diese sollte; es
erklärt sich aber daraus — und zeigt die Mängel der Heeresverfassung
und Ordre de bataille —, daß eben Kray ein Avantgardenverband
war, vorwiegend aus leichten Truppen zusammengesetzt, Wartensleben
eigentlicher Schlachtenkörper, Grenadiere und schwere Reiterei.

Kray setzte sich von Gerolzhofen kurz nach Mitternacht zum 3.
in Bewegung; Wartensleben folgte um 4 Uhr morgens; als aber der
Erzherzog in den Frühstunden an die Brücke bei Stadt-Schwarzach
kam, fand er wegen technischer Mängel derselben auch das Korps
Kray mit Ausnahme einiger Vortruppen noch am östlichen Ufer.

---

[1]) Kray hatte 13 Bataill. 41 Esk., Wartensleben 12 bez. 26; es bleiben
also 3 Bataill. 1 Esk., über deren Verwendung nichts bekannt ist.

Liechtenstein gibt für Elsnitz und Staader zusammen 5 Bataill. und 31
einzelne Kompagnien; allein die 5 Bataill. von Elsnitz machten auch schon 30
Kompagnien aus. Staader war vom Korps Wartensleben und hatte nach der
Ordre de bataille 4 Bataill. unter sich.

Der französische Feldherr mag am Abend des 2. geurteilt haben, daß seine zwei Infanterie-Divisionen an Marsch- und Gefechtsarbeit genug geleistet hatten, und daß der Verlauf des Tags im allgemeinen nicht ungünstig für ihn war. In der Nacht traf dann auch die Division Grenier ein und lagerte zwischen Ober- und Unter-Pleichfeld. Jourdan beschloß, am 3. den Angriff weiterzuführen und hoffte Erfolg zu erzielen, ehe der Erzherzog alle seine Kräfte in der Mainschleife vereinigt haben würde[1]. Man kann es ihm aus den schon ent-wickelten Gründen nachfühlen, wenn er sagt, es würde ihn „entehrt" haben, ohne sich weiter geschlagen zu haben umzukehren und seinen Rückzug fortzusetzen; aber man wird urteilen müssen, daß die Ver-teilung seiner Streitkräfte auf dem Gefechtsfeld keine glückliche war. Der Armee mangelte alle Tiefengliederung; die drei Divisionen standen auf einer 10 km langen Linie nebeneinander, verloren in dem weiten Raum von Lengfeld bis gegen Ober-Pleichfeld. Nach Jourdan's Erzählung war Grenier dorthin in Reserve gestellt; allein hiebei war entweder der Platz oder die taktische Bestimmung schlecht gewählt und zunächst konnte nur die Reiter-Division Bonnaud hinter der Mitte der langen Front als Reserve betrachtet werden. Freilich war in diesem Sinne der gegenüberstehende Gegner nicht besser auf einen Entscheidungskampf vorbereitet.

Dispositionen Jourdan's für den 3. sind nicht bekannt; wenn er die Absicht gehabt haben sollte, die Gruppierung seiner Streitkräfte am 3. morgens noch zu ändern, so hat ihm Graf Sztarray dazu, wie überhaupt zur Durchführung seiner Angriffspläne keine Zeit mehr gelassen.

F.-M.-L. Sztarray erhielt in der Nacht zum 3. September vom Erzherzog Mitteilung über dessen Anordnungen; das Eintreffen der Korps Kray und Wartensleben auf dem Gefechtsfeld ward ihm dabei auf etwa 10 Uhr vormittags in Aussicht gestellt. Um Mitter-nacht berief er den Fürsten Liechtenstein zu sich — wohl nach Rotten-dorf —, um ihm seine Anordnungen für den 3. mitzuteilen. Welches

---

[1] Jourdan legt in seinen Memoiren einen gewissen Nachdruck darauf, daß der Verlust der Stadt-Festung Würzburg seine Lage wesentlich verschlimmerte; aber ein Sieg am 3. würde sie ihm ganz von selbst wieder zurückgegeben haben.

dieselben waren, ist nicht bekannt; wohl aber, daß dem F.-M.-L. Hotze
befohlen ward, „sich ganz verteidigungsweise auf dem Galgenberg zu
verhalten und nur 1 Bataillon in dem Thalgrund als Rückhalt für
die Vorposten vorzuschieben." Ein späterer Befehl des Erzherzogs
vom 3. morgens 5 Uhr stellte es Sztarray anheim, den Gegner anzugreifen, oder die Ankunft der Truppen vom rechten Main-Ufer ab-
zuwarten[1]).

Begünstigt durch einen sehr dichten Nebel führte Sztarray am
3. frühmorgens die 6 Bataillone seines Gros und 10 Eskadrons von
der Höhe bei Rottendorf in Marschkolonne bis auf einen Büchsenschuß
an die von den Franzosen besetzte Höhe vor Lengfeld; verdeckt in Ge-
ländefalten hielt er, trotzdem seine Plänkler in die französische Posten-
kette geraten waren, unbemerkt vom Feind, etwa gegen 7 Uhr vormittags. Die vor dem heiligen Holz gestandenen 3 Grenadierbataillone
unter General Kaim waren mit herangezogen[2]); dagegen sind die 3
leichten Bataillone unter Monfrault wohl am Nordsaum des Estenfelder Holzes geblieben. Als der Nebel fiel — es mag zwischen 8
und 9 Uhr gewesen sein[3]) — marschierte die Kolonne Sztarray auf
und griff an. Die Truppen Simon's, augenscheinlich überrascht, wurden
in den Grund der Kürnach geworfen, Lengfeld ward genommen, die
Höhe vor dem Ort mit Geschütz gekrönt; Hotze ließ vom Galgenberg
aus die Aumühle in Besitz nehmen. Simon aber führte seine Division
auf den Höhenzug nördlich Lengfeld und formierte sie hier neu; längs
der großen Straße etwa, den linken Flügel bei Estenfeld[4]).

---

[1]) Angeli und Liechtenstein-Tagebuch. Die Art, wie in letzterem die Ereignisse des 3. geschildert sind, läßt es nicht ausgeschlossen erscheinen, daß Liechtenstein, und auch Hotze, von jenem Angriff, mit welchem Sztarray den Tag eröffnete, vorher keine Kenntnis erhielten.

[2]) Angeli bemerkt dies; es geht auch aus den Berichten des kurbayerischen
Kontingents hervor, welches in der Kolonne des Gros stand und angibt, neben
dem k. k. Bataillon Pietsch gefochten zu haben; dieses aber gehörte zur Brigade
Kaim. (Kriegsarchiv München.)

[3]) Dieser Zeitpunkt wird vom Erzherzog mit 7 Uhr, von Jourdan und
Jemm (Tagebuch) mit 8 Uhr, von Liechtenstein mit 9 Uhr angegeben; alle diese
Quellen betonen die außergewöhnliche Dichte des Nebels. Nach dem Bericht des
kurbayer. Kontingents „begann die Affaire um ½8 Uhr".

[4]) Jourdan's Erzählung des Vorgangs ist typisch für französische Gefechts-
berichte: „Die Österreicher wurden zurückgeworfen und Simon versammelte seine
Division hinter (b. h. nördlich) dem Dorfe." Die Ausdehnung, die er dann der

Der Erzherzog sagt von Sztarray's Angriff: „ein kraftvoller Entschluß, der sich auf richtige Berechnung gründete"; er hebt hervor, wie das Unerwartete des Unternehmens den Erfolg verbürgte, und daß Sztarray auf diese Weise im schlimmsten Fall mehr Zeit bis zum Eintreffen der Heeresteile vom östlichen Main=Ufer gewann, als wenn er sich hätte angreifen lassen. So sehr der Verlauf die Richtig= keit dieses Urteils widerspiegelt, so deutlich zeigt er die Kehrseite; der Mangel an Tiefengliederung benahm Sztarray die Möglichkeit, das Gefecht nach dem ersten glücklichen Stoß zu nähren und gegen die über den Haufen geworfene französische Division weiterzuführen; so blieb der Rückschlag nicht aus. Warum aber ließ Sztarray die 4 Ba= taillone Hotze's auf dem Galgenberg unthätig stehen? Die Antwort läßt sich wohl aus der Eigenart damaliger Kriegführung ableiten; sicher sollte diese Truppe zur Aufnahme dienen, und ihre Stellung in unmittelbarer Anlehnung an Würzburg, das als Flügelstützpunkt für die Schlachtlinie galt, war zu schön, d. h. vom Feind her zu schwer angreifbar, als daß man selbst zu einem höher stehenden taktischen Zweck gern auf sie verzichtet hätte.

Liechtenstein erzählt, daß „Sztarray's Angriff die Losung war zu allgemeinem Kanonenfeuer auf dem ganzen Schlachtfeld; alles eilte zu den Waffen oder auf's Pferd." Ihm gegenüber ging alsbald die Division Championnet von Estenfeld und Kürnach) zum Angriff vor gegen das Estenfelder Holz und den Hartwald. Sie traf in letzterem auf 2 Bataillone Liechtenstein's — sein drittes hatte er in Biebergau zurückgelassen —, im ersteren auf die 3 Bataillone Sztarray's unter Monfrault. Besonders diese sind von den Franzosen hart mitge= nommen worden und „gegen Mittag" waren hier die österreichischen Truppen insgesamt über Rothof und über den Seewiesen=Grund zurück= geworfen, alle Gehölze befanden sich in feindlicher Hand; bei Euerfeld stand Championnet's Kavallerie jener von Riesch und Liechtenstein gegenüber; vergebens hatte dieser seine letzte Reserve, 1 Bataill. 2 Esk., von Biebergau zu Monfrault gegen Effeldorf gesandt.

Division gibt, rechter Flügel auf der die Aumühle beherrschenden Höhe (Grainberg), ist eine Ungeheuerlichkeit. Nach Jourdan hätte Hotze den ganzen Angriff mit= gemacht; dies ist nicht richtig.

Auch die Division Simon ging gegen 10 Uhr wieder gegen Sztarray bei Lengfeld vor und blieb hier mit wiederholten Vorstößen thätig, von denen dahingestellt bleiben muß, wie sie verliefen, die gegen Mittag aber zu einer anhaltenden Kanonade erlahmten. Nach Angeli ward hiebei Sztarray auf die Höhen von Rottendorf zurückgedrängt; nach den anderen Quellen behauptete er sich in Lengfeld und in dem Raum von da bis zum Wald[1]). Jedenfalls mag Sztarray die Lage am äußersten rechten Flügel für gefährlicher erachtet haben, denn er eilte um Mittag persönlich zu Liechtenstein, ohne indessen anderes mitbringen zu können als sich selbst. Er fand auch dort das Gefecht in eine Kanonade übergehend; auch die Division Championnet war gänzlich verausgabt, außerordentlich in die Breite gezogen und nicht im Stand, ihre Bewegung über die Waldränder und den Rothof hinaus fortzusetzen.

Jourdan dagegen hatte bereits die Division Grenier von Ober-Pleichfeld über Seligenstadt in Marsch gesetzt, um durch einen weiteren Druck auf den rechten Flügel der Österreicher deren Niederlage zu vollenden.

Das Gefecht war für die kaiserlichen Waffen zu einer höchst bedenklichen Krisis entwickelt. Bei der ungemessenen Verdünnung im Raum der beiderseits völlig verausgabten Streitkräfte mußte der Sieg dem bleiben, der zuletzt geschlossene Körper von einiger Gefechtskraft noch einzusetzen hatte; in diesem Moment schien dies noch Jourdan zu sein, im nächsten war es der Erzherzog[2]).

---

[1]) Ein so durchschlagender Erfolg, wie ihn Angeli der Division Simon hier zuschreibt, wird selbst von Jourdan nicht für sie in Anspruch genommen; er findet im Gegenteil nötig zu bemerken, daß die Division nachmittags den Rückzug erst antrat, als sie Befehl dazu erhielt.

[2]) Über den zeitlichen Zusammenhang der hier geschilderten Ereignisse sind wir ohne Anhaltspunkt. Insbesondere wissen wir nichts über Jourdan's Thätigkeit am Morgen des 3.; nicht ob Championnet's Angriff von ihm angeordnet war, wann Grenier die Weisung zum Vorgehen erhielt. Angeli's Angabe, wonach „Jourdan auf der ganzen Linie vorrückte", ist zunächst nur auf die äußere Erscheinung der Vorgänge zu beziehen. Auch bei Jomini ist manches darüber zu lesen, allein es ist wohl von ihm selbst konstruiert. Er läßt z. B. auch den historischen Frühnebel erst um 11 Uhr sinken, um Sztarray's Angriff auf Lengfeld ganz mit Stillschweigen übergehen zu können.

Am Main bei Stadt-Schwarzach muß in den Vormittagstunden der mißglückte Brückenschlag auf das peinlichste empfunden worden sein. Längst riefen Kanonendonner und aufsprengende Ordonnanz=offiziere um Beistand, und F.=M.=L. Kray, der um Tagesanbruch den Main=Übergang vollendet haben sollte, konnte ihn erst gegen 10 Uhr beginnen. Die Ungeduld stieg derart, daß Wartensleben, der nach Kray überzugehen hatte, schließlich „von dem Wachsen der Gefahr, von dem dringenden Bedarf der Hilfe benachrichtigt" [1], mit 24 Schwa=dronen schwerer Reiterei den Main halb durchfurtete, halb durch=schwamm, und seiner Infanterie nach Biebergau vorauseilte.

Jedem Betrachter der Schlacht muß auffallen, daß die Person des Erzherzogs auf dem Gefechtsfeld bis zu den ersten Nachmittags=stunden keinerlei Rolle spielt. Als ganz sicher ist zunächst anzunehmen, daß er noch nicht bei Sztarray war, als dieser mit seinem Angriff auf Simon Tag und Schlacht eröffnete. Der Erzherzog selbst erzählt, er sei frühmorgens, nachdem er von der Sachlage an der Brücke Augenschein genommen, alsbald auf das westliche Main=Ufer und zu Sztarray geeilt und habe von dort aus an Kray und Wartensleben die nötigen Weisungen für ihr Verhalten nach dem Übergang erlassen. Es ist aber nichts überliefert, was vor dem Eintreffen der Wartens=leben'schen Kavallerie auf die Anwesenheit des Erzherzogs auf dem Schlachtfeld hinweist, und Liechtenstein's Schilderung der Schlacht muß vielmehr den auch sonst aus gleichzeitigen Berichten unterstützten Eindruck machen, als sei der Erzherzog erst mit dieser Kavallerie auf dem westlichen Main=Ufer erschienen. „Auch der Erzherzog kam bald in Person dahin (d. h. eben zu dieser Kavallerie) und Rittmeister . . . (vom Liechtenstein'schen Korps) hatte das Glück, dem erlauchten Feld=herrn auf sehr befriedigende Art die umständliche Schilderung des ganzen Schlachtfelds und des Zustands der gegenseitigen Heere vor=zutragen." Angeli's Mitteilungen machen es nun wahrscheinlich, daß der Erzherzog erst etwa um $\frac{1}{2}12$ Uhr mittags erstmals bei Sztarray eintraf; und sicher, daß er dann zunächst wieder an die Mainbrücke

---

[1] Liechtenstein=Tagebuch. Der Erzherzog sagt, daß die vorhandenen Mittel nicht zureichten, um zwei Brücken statt einer in Angriff zu nehmen; Angeli aber, es sei später, als der Nebel sich lichtete, eine zweite bei Dettelbach begonnen und die Kolonne Wartensleben auf sie verwiesen worden. (Text und Plan.)

zurückkehrte, um den Uebergang des Gros der Armee zu betreiben. [1]) Wahrscheinlich hat er also den Eindruck einer schweren Krisis mit= genommen, als er Kray von der Brücke weg die Marschrichtung Main = aufwärts über Neuses und Prosselsheim in die linke Flanke der Franzosen gab, Wartensleben jene über Dettelbach an den rechten Flügel Sztarray's. Bei der allgemeinen Lage der Armee ist es be= merkenswert — wenn nicht auch hier die ungleiche Zusammensetzung der Corps Kray und Wartensleben entscheidend war —, daß nicht die ersteren, als die zuerst übergegangenen Truppen zu der so dringend nötigen unmittelbaren Unterstützung auf das Plateau von Euerfeld herangezogen wurden. Liechtenstein schildert, wie er um Mittag von Euerfeld aus zu der auf der Höhe von Neuses und Neusetz sichtbaren Kolonne geschickt habe, sie schleunigst herbeizurufen; Kray wies ihn ab mit dem Hinweis, daß Wartensleben zu Sztarray beordert sei. Der Erzherzog muß also trotz der schwierigen Lage von dem Erfolg der geometrisch=taktischen Kombination die er über die französische Armee gelegt hatte, sehr sicher überzeugt gewesen sein.

Kray ist gegen 1 Uhr nach Prosselsheim gelangt; seine Ka= vallerie mag sich schon um die Mittagszeit in dieser Richtung für die Franzosen fühlbar gemacht haben. Die nächste Folge ihres Erschei= nens war gewesen, daß Grenier, mit seiner Division eben im Marsch von Ober=Pleichfeld gegen Seligenstadt, mit dem Gros seiner Truppen beim erstgenannten Ort blieb, und zur Unterstützung Championnet's nur 3 Bataill., 2 Esk. und einiges Geschütz weitersandte, welche sich in Seligenstadt festsetzten. Er ist dann noch zur Besetzung des Blank= Holzes, westlich Dipbach mit 2 Bataill. 2 Esk. veranlaßt worden, weil Kray von Prosselsheim außer einer später über Püssensheim gegen Ober=Pleichfeld vorgehenden Kolonne eine zweite über Dipbach und Heiligenthal mit der Angriffsrichtung Bergtheim ausschied, im übrigen seine leichte Reiterei sehr bald auch auf die große Straße brachte, und die Verbindung zwischen der französischen Armee und Schweinfurt unterband.

---

[1]) In Würzburg trafen um 12 Uhr mittags Verwundete ein, die erzählten, sie hätten den Erzherzog von Weitem gesehen; um 1 Uhr wieder solche, der Erz= herzog sei nun wirklich am Schlachtfeld eingetroffen und stehe schon im Feuer; alles ginge gut. Jennin=Tagebuch.

Jourdan aber sah sich nun auf die Reiter-Division als einzige Reserve beschränkt. Auf Grenier's Bericht ließ er — es kann das nicht wohl vor 2 Uhr gewesen sein — diese von Maidbronn vor-holen, und die am äußersten rechten Flügel bei der Division Simon entbehrlichen Eskadrons beiziehen; Bonnaud sollte mit dieser Kavallerie, dann mit den 2 von Grenier nach Seligenstadt geschickten Eskadrons am linken Flügel der Division Championnet, also in der Richtung gegen Euerfeld ins Gefecht eingreifen. Es ist etwa 3 Uhr geworden bis die genannten Reiter-Verbände sich unter Bonnaud's Befehl bei Kürnach zum Vorstoß zwischen dem Hartwald und dem Sperler Holz (über Höllberg) sammelten; in wie weit Championnet's Kavallerie, welche gegen die Kolonne Kray in Anspruch genommen war, nunmehr auch hier einwirkte, ist nicht bekannt. Jourdan sorgte weiter für einige Verstärkung der Artillerie bei Seligenstadt, und sandte endlich auch Befehl an Lefebvre, von Schweinfurt Kavallerie längs des Main über Wipfeld zu schicken. Die Maßregel mußte schon der Entfer-nungen halber unwirksam bleiben, selbst wenn nicht, was Jourdan als einen verdrießlichen Zufall beklagt, die Befehlsüberbringer vor Kray's Reitern hätten Halt machen müssen. Die Erwartung, Le-febvre werde ohne Befehl heranmarschieren oder Unterstützung senden, täuschte Jourdan; er läßt in seiner Schilderung durchblicken, daß diese Hoffnung ihn veranlaßte das Gefecht noch weiterzuführen; er selbst halte sich in die Nähe des Hartwalds begeben.

Wir wissen nicht, um welche Zeit zwischen 12 und 2 Uhr F.-Z.-M. Graf Wartensleben mit seiner Reiterei, und wahrscheinlich also gleichzeitig der Erzherzog, bei Biebergau ankam. Der Erzherzog ließ sie — es ist dies die erste Verfügung, welche er am 3. über Truppen auf dem Gefechtsfeld selbst traf — zwischen diesem Orte und Effeldorf ein Treffen formieren; 14 zerstreute Eskadrons von Liechtenstein wurden als zweites Treffen hinter den rechten Flügel der schweren Kavallerie gesetzt; nach Angeli sind auch Teile von Sztarray's Reiterei beigezogen worden, so daß hier an 50 Schwad-ronen, aus drei verschiedenen Verbänden gelöst, gefechtsbereit ver-sammelt gewesen wären. [1] Allem Anschein nach blieben sie indessen

---

[1] Angeli gibt 56 Esk. an. Wartensleben hatte 24 gebracht, zu denen sich 14 von Liechtenstein gesellten; bei Sztarray waren aber überhaupt nur 17.

ohne einheitlichen Befehlsverband, wie solcher bei der französischen Kavallerie geschaffen worden war, auch ohne Treffenführer. Es ist z. B. nicht bekannt, daß Liechtenstein, der dann den großen Reiter= kampf einleitete, in seinem bisherigen Kommandoverhältniß eine Änder= ung erfahren hätte.

Aber „der Erzherzog strebte nach größeren Resultaten, als die von einer isolierten Kavallerie=Attake zu erwarten waren, und wollte das Schicksal des Tages keinem so prekären Unternehmen überlassen". Er befahl, auf die Infanterie Wartensleben's zu warten, und es scheint, daß er um diese Zeit einen Vorstoß Sztarray's von Effeldorf gegen den Rothof eingestellt hat. [1]

Um 3 Uhr traf F.=M.=L. Baron Werneck mit 2 Grenadier= brigaden, 8 Bataillonen, ein; der Erzherzog ließ sie 2 Treffen form= ieren auf der Höhe nördlich von Effeldorf, also links neben der Ka= vallerie, Front gegen Rothof; die ganze Zeit über seit dem Umschwung zu Gunsten der Franzosen, also wohl an 3 Stunden lang, war das Gefecht zwischen Simon und Sztarray am westlichen Flügel, dann zwischen Championnet in den Waldungen, Liechtenstein's und Mon= frault's Infanterie bei Effeldorf fast nur durch die Artillerie weiter= geführt worden. [2]

Es ist weder möglich noch ersprießlich, den Wechselfällen der sich nun entwickelnden Reiterkämpfe nach den abweichenden Schilder= ungen des Erzherzogs, von Jourdan und Liechtenstein in Einzelheiten zu folgen. Sicher ist, daß ein Infanterie und Reiterei umfassendes „allgemeines Vorrücken", von dem als einem Befehl des Erzherzogs Liechtenstein in diesem Moment erzählt, nicht statt hatte; und eben so sicher, daß die große Reitermasse der Österreicher nicht einheitlich geleitet, nicht gleichzeitig in Bewegung gesetzt wurde. Der Erzherzog sagt einfach: „Die Kavallerie rückte zur Attake vor". Zweifellos mit seiner Erlaubnis oder auf seinen Befehl; es ist aber nicht bekannt,

---

[1] Liechtenstein=Tagebuch.

[2] Jenum erzählt, daß noch vor 2 Uhr ein Stabsoffizier mit einem Trompeter nach Würzburg kam, und dort auf Befehl des Erzherzogs verkündete, die Franzosen seien geschlagen. Die Thatsache ist insofern richtig, als ein Offizier die Besatzung der Citadelle zur Einstellung des Feuers aufzufordern hatte; allein die Zeitangabe ist wohl zu früh.

auf welche Teile der ganzen Masse sich solcher Befehl bezog, oder an wen als Führer er sich wandte. [1]

Liechtenstein mit 6 Schwadronen seiner eigenen Reiterei und seiner Kavallerie-Batterie eröffnet den Kampf. Er reitet zwischen 3 und 3½ Uhr rechts an Euerfeld, links (oder wieder rechts) an Seligenstadt vorbei, rennt dort einige französische Artillerie nieder und wendet sich gegen die Lücke zwischen Sperlerholz und Hartwald; aus letzterem schlägt ihm Infanteriefeuer entgegen; er trifft auf leichte Kavallerie des Feindes, welche der von Kürnach her in der Vorwärts-bewegung gegen eben diese Lücke, vielleicht auch noch in der Formier-ung begriffenen Division Bonnaud vorangeht und wird geworfen. Nicht besser ergeht es einigen Regimentern welche etwas später links von Euerfeld gegen die erwähnte Lücke vorbrechen, und auf das nun ent-wickelte Gros Bonnaud's treffen. Ein Regiment von Wartensleben war Liechtenstein als Reserve gefolgt, aber in Kolonne halten ge-blieben; er holt es vor und wirft es in die große, gegen Euerfeld flutende Masse. Der Erzherzog — dies ist besonders bemerkt — schickt ein weiteres Regiment, das wieder im Handgemeng sich löst, aber auch die letzten geschlossenen französischen Schwadronen aufsaugt. 12 frische österreichische Schwadronen, 2 Regimenter Kürassiere und Karabiniers, die der Erzherzog weiter vorbeordert, entscheiden den

---

[1] Der Schlachtplan zum Werk des Erzherzogs zeigt für diesen Gefechts-moment die französische Kavallerie aufmarschiert diesseits (südlich) des Seewieser Grunds, linker Flügel bei Euerfeld; dies ist irrtümlich. Nur mit größter Vor-sicht sind alle diese Pläne zu benützen. Der für die Würzburger Schlacht zeigt lange schöne Linien von Truppen, die viermal zahlreicher hätten sein müssen, um den Raum der Breite nach nur annähernd in dieser Weise zu überspannen.

In mancher Schilderung der Schlacht, zuerst in einem kurzen Bericht im Fränk. Merkur vom 14. September 1796, dann auch in Posselt's Annalen 1796, Oktoberheft, ist wie bereits angedeutet, dies der Moment, in dem erst der Erz-herzog an der Spitze der schweren Reiterei auf dem Schlachtfeld eintrifft. Auch Angeli hat dies auf seinem Plan zur Schlacht so zur Darstellung gebracht. Im Fränk. Merkur heißt es dabei: „Wer auf kaiserlicher Seite (bis Nachmittag) das Kommando führte ist nicht bekannt". Und bei Posselt: „Es war 4 Uhr und noch war nichts entschieden. In diesem Augenblick kam Erzherzog Carl mit seiner Kavallerie-Kolonne an, die sich sofort auf der rechten (?) Flanke der Franken bildete". Der Erzherzog gibt an, die französische Kavallerie habe den ersten Angriff stehen-den Fußes empfangen; dies scheint nicht richtig.

Kampf; Jourdan selbst gesteht zu, daß er in eine nicht mehr zu hemmende Flucht der französischen Reiterei überging.

Es war 4 Uhr als Jourdan das that was ihm in Mitte seiner über 2 Meilen ausgedehnten Linie noch übrig blieb; er bezeichnete die Gegend von Arnstein als Sammelpunkt für die Armee. Der Erzherzog aber befahl nun, „eine Vorrückung auf der ganzen Linie". Werneck's Grenadiere traten in der Richtung auf den Rothof an; allein sie fanden keinen ernstlichen Widerstand mehr.[1] Championnet hatte bereits den Rückzug angetreten. Auf den Höhen bei Kürnach hielt er hinter dem Bach, neben ihm was Bon= naud hatte sammeln können, bis Simon von den Höhen nördlich Leng= feld her auch seinerseits den Abzug in Fluß gebracht hatte; dann schlug Simon mit Bonnaud die Richtung über Rimpar und Günters= leben ein, Championnet zog durch den Gramschatzer Wald nach Gram= schatz. Auch die Division Grenier hatte mittlerweile gegen Kray von Heiligenthal, Dipbach und Püssensheim her ihre Aufstellungen im Blankholz und bei Ober=Pleichfeld unhaltbar gefunden und beide nach wenig lebhaftem Gefecht aufgegeben. Jourdan sagt, daß diese Division zum Vorteil für den Rückzug der beiden andern die letzte auf dem Schlachtfeld blieb, und es kann ihr Rückzug in der Zeit schon deshalb nicht vor der Entscheidung der Reiterkämpfe bei Kürnach liegen, weil der unermüdliche Liechtenstein nach dieser Entscheidung sich zu Kray gewandt hat und an dessen Vorgehen noch Teil nehmen konnte. Seiner Schilderung nach scheint sich Kray seit 1 Uhr mehr bemüht zu haben Grenier zu beschäftigen und von einer Einwirkung auf die übrigen Teile des Gefechtsfeldes abzuhalten als ihn möglichst rasch zu schlagen; es ist ersichtlich um wie viel mißlicher sich die Rückzugsverhältnisse für die Franzosen gestalten mußten, wenn Kray längs der großen Straße gegen Estenfeld zu eine Einwirkung gelang, ehe Championnet über die Kürnach gegangen war. Freilich hatte Kray vorzugsweise leichte Truppen unter sich. Es scheint, daß das Gros der Division Grenier von Ober=Pleichfeld aus zunächst nach Unter=Pleichfeld sich wandte oder gedrängt wurde, und dann über Burggrumbach und

---

[1] Dies erzählt der Erzherzog; Angeli und andre Schilderungen rühmen hier Werneck's und der Grenadiere „unvergleichliche Bravour" im Angriff auf die Waldstücke.

Hilpertshausen abbog; ein Teil aber schlug vom Blankholz die Richt=
ung nach Hausen ein, und dieser Teil ließ etwa 1 Bataillon in der
Gegend von Fährbrück unter den Säbeln von Kray's Reitern.

Die Bewegung der österreichischen Truppen hinter dem weichen=
den Feind her ist für die Corps Liechtenstein, Sztarray und Wartens=
leben, an Infanterie also für etwa 23 Bataillone, vom Erzherzog selbst
in die Hand genommen worden. Die Truppen wurden bei der An=
näherung an den Kürnacher Bach aus der Gefechtsformation in Ko=
lonnen zusammengefaßt, und überschritten das Hinderniß an vier
Punkten, bei Lengfeld, der weißen Mühle, bei Estenfeld und Kürnach),
sichtlich außer Waffenfühlung mit dem Feind. Drüben aber entfaltet
sich ein sehr merkwürdiges Schauspiel: die vier Kolonnen schließen sich
zusammen, marschieren auf den Höhen zwischen Estenfeld und Maid=
bronn wieder in zwei eng geschlossene Treffen auf, linker Flügel etwa
am Breitholz, rechter gegen den Weg Estenfeld—Mühlhausen; und
als die weitere Vorwärtsbewegung, mit $\frac{1}{8}$ Schwenkung Front gegen
Rimpar nehmend, in faltiges Gelände führt, wird das Gros der Ka=
vallerie hinter die Infanterie in das dritte Treffen genommen. „Die
Vorrückung erfolgte in vollen Linien mit refüsiertem linken und vor=
geschobenem rechten Flügel . . . . Das Geschütz ging vor der Front
und spielte auf den zurückziehenden Feind, den einzelne Flankeurs
verfolgten."

Es bedarf keiner Ausführung, wie sehr dies Verhalten dem
Feind zu Gute kam; die österreichische Armee fiel sich gewissermaßen
selbst in den Arm in dem Augenblick, wo er sich hätte erheben können
um die Frucht des Sieges zu pflücken.

Die Linie der drei Treffen marschierte bis vor Rimpar; dort
hielt sie. Der Erzherzog warf leichte Truppen und ein paar Grena=
dierbataillone in den Forst, ihn zu säubern; ziemlich gleichzeitig
drangen Kray's Truppen von Osten her ein.[1] Später trieb man
die Vorposten bis zu dem Thalweg Gramschatz - Güntersleben und
dehnte sie über Gadheim bis an den Main bei Veitshöchheim aus.
Nach Angeli war dieser Abschnitt um 7 Uhr abends erreicht. F.=M.=L.

---

[1] Angeli spricht (Text und Plan) von einem „Angriff auf den Gram=
schatzer Wald".

Hotze war mit seiner Infanterie in der Nähe von Würzburg ver=
blieben. Der Erzherzog nahm Quartier in Kürnach.

Auf französischer Seite war am Rand des Forstes Kirche und
Kirchhof von Hilpertshausen durch Truppen Grenier's eine Zeitlang
verteidigt worden; Simon hielt Güntersleben bis Mitternacht besetzt;
eine seiner Halbbrigaden ist auf dem Weg von Rimpar her von
österreichischer Reiterei ereilt und übel zugerichtet worden. Cham=
pionnet hielt zunächst bei Gramschatz, und nachts sammelte sich die
Armee trotz der sehr schlechten Wege, welche zumal für Simon's
Truppen höchst beschwerlich waren, bei Arnstein an der Wern beider=
seits der Straße nach Hammelburg, die Reserve=Kavallerie westlich
Heugrumbach.

Die Truppen hatten Zeit gefunden, auf dem Rückzug, wie das
ihren Tagesgewohnheiten entsprach, einige Dörfer in Brand zu setzen,
Unter=Pleichfeld, Mühlhausen, Burggrumbach u. A., und sie waren
mit relativ geringem Verlust davon gekommen, wenn er auch von
Jourdan für den 2. und 3. mit 2000 Mann, darunter die Hälfte
Gefangene, erheblich zu niedrig beziffert sein wird. An Trophäen
blieben den Österreichern 1 Fahne, 7 Geschütze und eine Anzahl Fahr=
zeuge; ihr eigener Verlust wird mit 22 Offizieren 1447 Mann an=
gegeben. [1]

---

[1] Hieran ist das kurbayerische Kontingent beteiligt mit:
2. Feldjäger = Bataillon, Führer Major v. Cloßmann, 50 Mann, darunter 13
Vermißte;
Füsilier=Bataillon, Führer Hauptmann Frhr. v. Capelle, 8 Mann und 2 Pferde
vom Geschütz. (Kriegsarchiv München.)
Aus dem Gefechtsbericht des Obersten Frhr. v. Bartels, Lager bei Zell,
4. September, und anderen Papieren ist zu bemerken: Die beiden Bataillone
haben wie erwähnt vormittags im Gros Sztarray's gefochten, und „stunden in
lebhafter Kanonade länger als 4 Stund." Nachmittags hatte das Jägerbataillon
das k. k. Bataillon Gallenberg (von Monfrault's Brigade) abzulösen; später
folgte dahin auch das Füsilierbataillon bis auf die Leib=Kompagnie, welche bei
Fahnen und Geschütz blieb. „Die Affaire dauerte von ½8 bis 5 Uhr."
Es liegen noch vor:
Rapport vom 4. September:

	Jäger	Füsiliere	
Sollstand	842	860	Darunter bei beiden
Effektiv	583	585	Bataillonen zusammen
Ausrückend	333	369	27 Offiziere.

Belobungsschreiben des Generals Frhr. v. Monfron (Monfrault) für die

Lefebvre blieb bei Schweinfurt; wir wissen nicht bestimmt, was ihm gegenüber die Generale Elsniß und Staader mit ihren 10 Bataillonen, 26 Eskadrons am 3. thaten; Jourdan erzählt, Lefebvre sei durch lebhafte Vorpostengefechte festgehalten worden; Angeli gibt dies ohne nähere Angaben wieder.

———

Die meisten Darstellungen des Kriegs sagen in schärferer Betonung oder willkürlicher Erweiterung dessen was der Erzherzog an verschiedenen Stellen darüber bemerkt, daß dieser lebhaft eine Schlacht gewünscht, und in diesem Bestreben das Zusammentreffen bei Würzburg herbeigeführt habe. Trotzdem auch Angeli diese Schlacht das „heiß erstrebte Ziel der Operationen des Erzherzogs" nennt, kann doch beides nicht ohne Einschränkung als zutreffend anerkannt werden. Der Erzherzog hat eine Kraftabmessung auf der Walstatt mit Jourdan wohl nur bedingt, nur in dem Sinn gewünscht, in welchem er überhaupt die Schlacht unter den mannigfachen Formen des kriegerischen

Leistungen des Kontingents am 3., Waldbüttelbronn, 5. September.

Bericht des im Hauptquartier anwesenden kurbayer. Oberst und Ober-Land-Kommissärs Frhr. v. Wrede an den Kurfürsten, Limburg, 17. September. Es haben „nach der Relation des F.-M.-L. Graf Sztarray die bayer. Truppen, als sein rechter Flügel bereits zurückgedrängt, durch ausgezeichnete Tapferkeit die Ordnung wieder hergestellt, und zum Erfolg wesentlich mitgewirkt."

Belobungsattest für die Bataillone vom Erzherzog selbst, Limburg, 17. September.

Entschließung des Erzherzogs vom selben Tag, wonach die Bataillone ihres angegriffenen Zustands halber fortab den Dienst gleich den Grenadierbataillons versehen sollen. Dem entsprechend finden wir das Kontingent späterhin bei den Grenadierbrigaden des F.-M.-L. Frhr. v. Werneck im Corps Sztarray.

Die sonst noch im Kriegsarchiv München vorhandenen Korrespondenzen, insbesondere mehrfache Berichte des Obersten Frhr. v. Bartels zwischen Dettingen, 9. September und Ukeroth, 24. September, lassen erkennen, daß nicht nur das Requisitionswesen der Franzosen, sondern auch das in Österreich und Bayern übliche, aufs höchste zentralisierte, in die lästigsten büreaukratischen Fesseln geschlagene System des Natural- und Bekleidungs-Unterhalts imstand war, Truppen in einen traurigen Zustand zu versetzen.

Kurze Zeit nach der Würzburger Schlacht hatte übrigens Kurbayern einen Sonder-Waffenstillstand mit Moreau abgeschlossen.

Handelns als berechtigt und erstrebenswert anerkannte; wenn Jourdan nach den Tagen von Amberg und Forchheim seinen Rückzug unter dem Druck der Manöver des Erzherzogs ohne weitere Schlacht bis an den Rhein fortgesetzt hätte, so würde der Erzherzog dies vermut= lich nicht ungern gesehen haben; hierauf werden die Schlußbetrach= tungen noch zurückkommen. Und so sehr auch Jourdan nur durch eine Verkettung von Umständen in das Handgemeinwerden mit dem ungeschwächten Gegner hineingezogen worden ist, der Angegriffene bei Würzburg war der Erzherzog.[1]) Er hat gesiegt und er verdankte den Sieg neben den Mängeln der französischen Heeresleitung seinem eigenen festen Willen, mit dem er, sein Versäumnis des 2. September gut machend, am 3. seine Kräfte ziemlich vollständig zum Einsatz brachte, und in so günstiger Gruppierung auszunützen verstand, als es die Sachlage am Vorabend und bis Mittag irgend zuließ; dann seiner Überlegenheit an Reiterei, und der taktischen Leistung dieser seiner besten Waffe. Um seinen Sieg vollkommen zu würdigen muß man sich erinnern, daß die Franzosen am 3. September 33 Bataillone ins Gefecht brachten, der Erzherzog nicht mehr als 37, welche aller= dings nun eine höhere Durchschnittsstärke gehabt haben müssen; wie leicht hätte Jourdan diesen Unterschied zu seinen Gunsten ausgleichen können! Freilich fiel vor hundert Jahren die Überlegenheit, welche außerdem 99 österreichische Schwadronen gegen 51 französische be= dingten, für den Ausgang einer Schlacht etwas mehr ins Gewicht, als dies heute der Fall wäre.[2])

Beide Parteien hätten sich am 3. freier bewegen und ihre Kräfte günstiger gruppieren können, wenn sie sich nicht so eng an Würzburg angeschlossen hätten. Das Verhalten von Jourdan und Sztarray am 3. aber spiegelt die Erkenntnis nicht sehr deutlich wieder, daß nicht unmittelbares Anklammern an die Festung, sondern der Sieg im Felde zwischen den Main=Armen auch über ihren Besitz entscheide. Denn in einem gewissen Sinn ist um Würzburg gekämpft

[1]) Dies hat der Erzherzog in der Geschichte des Revolutions=Kriegs auch ganz offen und noch schärfer ausgesprochen, als es vielleicht hinsichtlich seines Gegners zutrifft. „Jourdan suchte die Schlacht . . . . auf; seinem Angriff am 2. und 3. fehlte aber die nötige Kraft."

[2]) Jourdan ohne die Division Lefebvre; der Erzherzog ohne die Be= satzung von Würzburg, ohne Kienmayer, Elsnitz, Staader.

worden, hat sich die Schlacht an Würzburg eingefädelt; beide Par=
teien greifen nach dem wichtigen Punkt; sie geraten dabei aneinander
und schlagen sich mit Aufgebot aller Kräfte, die sie herbeiführen zu
können glauben; die Entscheidung aber steht in ihrer Tragweite hoch
über dem strittigen Objekt. [1])

Kritiker der Schlacht haben bemerkt, daß nach der allgemeinen
Lage der rechte Flügel Jourdan's der empfindlichere gewesen wäre;
denn ein Druck auf seinen linken verwies ihn dahin, wohin er bei
ungünstigem Ausgang doch mußte; aber die Schlacht konnte sich
österreichischerseits nicht wohl anders entwickeln, als sie es that.
Und ganz klar zeigt ihre Geschichte, mit wie fadenscheiniger Berech=
tigung sie in die schematische Begriffsordnung gehört, in welche sie
eingezwängt worden ist als „Angriffsschlacht mit einfachem Flanken=
angriff." [2]) Dies eine Beispiel schon genügt, um dem Wert solcher
schlagwortmäßigen Abfertigung Mißtrauen entgegen zu bringen.

Eine Besonderheit damaliger Kriegführung zeigt die Schlacht
auf beiden Seiten in der ungemessenen Dehnung in die Breite;
auf gleichem Raum haben in den neueren Kriegen meist unvergleich=
lich mehr Truppen gefochten; das Bestreben, durch Tiefengliederung
Nachhaltigkeit in der Gefechtsführung zu gewinnen, tritt völlig zurück
hinter jenem nach Raumgewinn in der Breite, nach Überflügelung. [3])

Daher war denn auch die Schlachtlinie auf beiden Seiten über=
aus empfindlich, zerbrechlich gegen jeden auf irgend einem Punkt
kräftig vom Feind geführten Stoß, und darum hätte des Erzherzogs
Sieg zu einer vollständigen Auflösung der Franzosen werden können,
wenn er nur einigermaßen durchgekämpft worden wäre. Der Auf=
marsch des Gros der österreichischen Armee jenseits des Kürnacher
Bachs und ihr Vorrücken in der vom Erzherzog selbst geschilderten

---

[1]) Es scheint deshalb auch nicht glücklich, die Schlacht statt nach Würzburg
zu benennen „Schlacht an der Kürnach".

[2]) So z. B. „J. v. H. Anleitung zum Studium der Kriegsgeschichte" und
„Rüstow, Feldherrnkunst des 19. Jahrhunderts."

[3]) Für Jourdan 25000, den Erzherzog 31000 Mann Infanterie ange=
nommen, gibt um 4 Uhr nachmittags bei 16 km Frontausdehnung für die
Franzosen, 21 für die Österreicher, beiderseits ³/₄ Mann auf den Schritt der
Gefechtslinie.

Weiſe nimmt ſich aus wie ein großartiges Ehrengeleite, das ſie in ritterlich galanter Art der weichenden Gegnerin gab. „Vielleicht konnte dem Feind mehr Schaden zugefügt werden, wenn die Armee .... in Kolonnen fortmarſchierte, ohne erſt eine Linie zu bilden,“ meinte der Erzherzog; aber an andrem Ort hat er ſpäter dieſes ſein Urteil bedeutend verſchärft; „ſo wurde durch eine pedantiſche An= wendung der auf dem Exerzierplatz erlernten Formen der . . . Sieg für den Feind nicht ſo verderblich, als er es ſein konnte, folglich auch ſollte.“ [1]

Auch dem Feind war nicht entgangen, wie glimpflich er ent= laſſen worden war; Jourdan nimmt die Kritik, welche der Erzherzog an ſeinen Anordnungen übt, an, „da ſie von einem Fürſten kommt, der ebenſogut ſchreibt, als er ſicht; aber — fügt er bei — man darf fragen, warum er mit ſolcher Überlegenheit an Zahl keinen ent= ſcheidenderen Vorteil über einen Gegner davontrug, der ſeiner ſo wenig würdig war.“ [2]

Der Erzherzog ſchließt ſeine Betrachtungen über die Schlacht mit längeren und trefflichen Ausführungen über Weſen und Gebrauch jener Waffe, welche in beſonderer Weiſe am Sieg beteiligt war, der Kavallerie. Nicht daß er das Verhalten der Truppe am Tag der Schlacht bemängeln wollte. Aber er bemerkt, daß es „ihren Anfüh= rern nicht ſelten an richtigen Begriffen von ihrem Gebrauch fehlte“, und daß ſie ſchematiſch überall, auch wo es nicht paßte, und zum Nachteil beider Waffen, bei Marſch und Geſecht unter die Infanterie verteilt und ſo ſelbſt zerſplittert wurde. Es iſt nicht zu verkennen, daß dem doch durch die Ordre de bataille und die Regelung der Befehlsverhältniſſe bis zu gewiſſem Grad vorgearbeitet war, und wir ſahen, daß ſelbſt der Erzherzog auf dem Schlachtfeld für eine größere Reitermaſſe einheitliche Leitung durch einheitliche Befehlsbeziehungen anzubahnen nicht für nötig hielt. Aber es mochte von der Infanterie kein Dorf, kein Gehölz beſetzt, kein Weg von ihr zurückgelegt werden, ohne daß ihr ein paar Eskadrons, nicht zum Erkunden etwa, nein,

---

[1] Geſchichte des Revolutionskriegs.
[2] Eine durch nichts gerechtfertigte ironiſche Übertreibung; der Erzherzog hat in ſeiner Geſchichte ſeinen Gegner nirgends härter getadelt, als ſich ſelber.

zum Schlagen angehängt worden wären, und diese Erscheinung ist
bei den Österreichern, wie bei ihren Gegnern so allgemein, daß wir
nach einer Erklärung suchen. Der Erzherzog gibt sie.[1]) „Durch die
Leichtigkeit, mit der im Anfang des Revolutionskrieges die Kavallerie
die ungeübte französische Infanterie .... bloß durch Schrecken ....
aus Wäldern, Schanzen, Dörfern vertrieb, war es bei vielen österreichischen Generalen Sitte geworden, dieselbe ohne Rücksicht auf das
Terrain überall zu verwenden, wo sie sich nicht zu helfen wußten...
Dieser Mißbrauch wirkte ebenso nachteilig auf die Kavallerie als auf
die Infanterie; erstere entwöhnte sich ... mit Ordnung und in
Massen zu attakieren, ... die letztere dagegen wurde verzagt, wenn
feindliche Reiterei sie attakierte, betrachtete sich als verloren und ge-
opfert, wenn sie nicht ... überall ... von Kavallerie begleitet war.“

Auch am Tag von Würzburg sieht man das Verhältnis sich
allerorten wiederspiegeln; die Schlacht fällt in eine Periode, in der
das Selbstvertrauen nicht nur der schlechten, auch der guten Infanterie ziemlich tief stand.

Eine unmittelbare Folge der Schlacht war die Kapitulation der
Citadelle von Würzburg. Ihre Besatzung hatte am 3. ihr Feuer
und ihre Versuche, sich eines Thores der unteren Festung zu bemächtigen, fortgesetzt, das Feuer aber nachmittags nach Aufforderung von
Seiten des Erzherzogs eingestellt. Abends bot General Bollemont
dem F.-M.-L. Hotze in Würzburg eine Kapitulation an, welche dieser
verwarf; sie ist dann in der Nacht mit dem vom Erzherzog zum
Kommandanten der Festung ernannten Oberstlieutenant Graf Plunkett
auf Basis der Kriegsgefangenschaft vollzogen worden. Frühmorgens
am 4., streckte die Besatzung das Gewehr.[2]) Von den 300 Ge-
schützen, welche sich beim Einzug der Franzosen in der Festung be-

---

[1]) Gelegentlich der Besprechung des Gefechts bei Geisenfeld. (Latour gegen
Moreau am 1. September.)

[2]) Die Kapitulation ist abgedruckt u. a. im Archiv für Offiziere aller
Waffen 1848. Ebenda, dann bei Fries, Würzburger Chronik, das Zeremoniell
bei Übergabe der französischen Besatzung. Genaue Schilderung mancher Vorgänge
in der Stadt, insbesondere auch vom Einzug des Erzherzogs, im Tagebuch von
Jenum.

funben hatten, fanben fich noch 88 vor, bazu 6 franzöfifche; die übrigen waren auf dem Main zurückgefchafft worden. Bei Freuden=
berg haben die Öfterreicher 10 Schiffe mit 60 Gefchützen wieder aufgegriffen. 122 Gefchütze aus Nürnberg, Forchheim und Königs=
hofen (letztere beide damals Fürftbifchöflich Bambergifch) ließen die Franzofen bei Schweinfurt zurück. Auch fonft fiel den Öfterreichern
auf dem Main bei Wertheim u. f. w. noch manche Kriegsbeute in die Hand.

VIII.

4. bis 8. September.

(Marfch der Franzofen hinter die Lahn.)

Der erfochtene Sieg hatte den Erzherzog in ein verändertes Verhältnis zu feinem Gegner nicht nur infoferne gefetzt, als jede
größere Waffen=Entfcheidung neue Grundlagen für die folgenden Unternehmungen fchafft, fie hatte ihn außerdem in unmittelbare Be=
ziehung gebracht zu den beiderfeitigen Streitkräften am Rhein; an öfterreichifchen Garnifonen zunächft mit denen in Philippsburg,
Mannheim und Mainz, von welchen die erften beiden nicht blokiert waren.[1] Auch Jourdan hat am 3. abends nicht daran gezweifelt,
daß die Blokade von Mainz um fo weniger mehr aufrecht zu erhalten fei, als er felbft das Blokadecorps zur Vermehrung und inneren
Feftigung feiner eigenen Kräfte dringend bedurfte. Namentlich die Artillerie feiner Armee muß fich nach dem Tag von Würzburg in
einem fehr traurigen Zuftand befunden haben. Für Jourdan fiel damit der letzte Grund weg, der ihm ein anderes zunächft anzu=
ftrebendes Ziel vorzeichnen hätte können als das, fo bald als möglich den fchützenden Abfchnitt der Lahn zwifchen fich und die Öfterreicher
zu bringen. Nur war Jourdan, und hierin befitzt die allgemeine Lage nach der Würzburger Schlacht einige Ähnlichkeit mit der nach
dem Tage von Amberg, durch das Wegnetz im Gebiet des nördlichen

---

[1] Die zu Jourdan's Armee gehörigen, am Rhein unter General Marceau zurückgelaffenen Truppen lagen vor Mainz, Kaftel und Ehrenbreitftein, dann als
Beobachtungscorps gegen Mannheim und Philippsburg bei Bruchfal. Sie waren insgefamt nicht fo ftark, als die öfterreichifchen Garnifonen der genannten Plätze.

Spessart und der Rhön auf einen erheblichen Umweg verwiesen, und
es ist vielleicht nur in den verschiedenen Auffassungen über das Maß
der normalen Marschleistung bei Franzosen und Österreichern be=
gründet, wenn der Erzherzog, nunmehr wiederum im Besitz der kür=
zeren und besseren Verbindung zum Marschziel seines Gegners, aus=
führt, daß er die Lahn nicht vor Jourdan hätte erreichen können.[1]
Des Erzherzogs nächstes Verhalten war dagegen noch wesentlich
abhängig von seiner Auffassung über den Einfluß des Siegs vom
3. September auf die strategischen Beziehungen beider Heere. Hier=
über gibt er uns Aufschluß, wenn er als Früchte dieses Siegs be=
zeichnet: „die Behauptung der kürzeren Kommunikation an den Rhein
und der Marschdirektion in die Flanke des Feindes; seine Zurück=
werfung auf eine unvorteilhafte Rückzugslinie, und ein tiefer Eindruck
auf die Stimmung der geschlagenen Armee".

Die Reihenfolge in dieser Aufzählung entspricht wohl dem Grad
der Wertschätzung, welche der Erzherzog den einzelnen Momenten bei=
maß; aber man kann nicht unterlassen zu bemerken, daß der Erz=
herzog die Vorteile, welche er in erster Linie anführt, bereits vor der
Schlacht besessen hatte, daß er also dem Sieg bei Würzburg zunächst
danken zu sollen glaubte, in diesem Besitz auf's Neue bestätigt zu sein.
Und er gibt das Programm für die nächsten Operationen in der Be=
tonung der Vorteile, welche ihm nun ein Marsch der Armee nach
Aschaffenburg versprach wie folgt: „Ungestört auf der besseren Straße
sich schneller bewegend als sein Gegner[2] konnte der Erzherzog . . .
durch Fortsetzung seines Marsches immerwährend die Flanke des
Feindes bedrohen, ihn zur Beschleunigung seines Rückzugs nötigen, . . .
und dann wieder gegen seine Kommunikation manövrieren, wenn er
sich an der Lahn setzen wollte".

Daneben lief die erwünschte Möglichkeit, den Entsatz von Mainz
zu befördern — eine „Hauptabsicht" wird dies gelegentlich genannt
— und aus den Garnisonen Verstärkungen zu ziehen. An andrem
Orte: „der Erzherzog wollte die berannten Festungen entsetzen und

---

[1] Ein Gesamtüberblick auf die Operationen des Erzherzogs gegen die
Sambre-Maas=Armee ergibt für die letztere im Ganzen zweifellos größere Marsch=
leistungen.

[2] D. h. bei kleinerer Einzelmarschleistung Dank dem kürzeren und besseren
Weg räumlichen Vorsprung gewinnen.

sich vereint mit ihren Besatzungen auf Jourdan's Verbindungen zum Rhein werfen."[1] Dies Programm bedeutet in vollendeter Reinheit die Wiederaufnahme des durch den Tag von Würzburg unterbrochenen Gedankenganges, die Weiterführung der seitherigen Operation auf der inneren Linie im fortgesetzten Druck auf des Feindes innere Flanke, im fortgesetzten Fassen nach seiner Rückzugsstraße. Es ist das große Manöver, welches der Erzherzog bei Neumarkt begonnen hatte und wahrscheinlich fortgesetzt haben würde, auch wenn Jourdan nicht bei Würzburg Gelegenheit geboten hätte sich schlagen zu lassen, und in dem die Vorgänge des 2. und 3. nur eine zeitweilige Unterbrechung darstellten.

So hat denn der Erzherzog fast in noch höherem Grade als nach Amberg darauf verzichtet, dem Feind unmittelbar nachzudrängen; wie die Schlacht nicht völlig durchgekämpft wurde, die taktische Ver= folgung auf dem Gefechtsfeld weit unter der Möglichkeit blieb, so hat der Erzherzog auch die Verfolgung über das Schlachtfeld hinaus gar nicht hinter dem Feind her, und die Ausnützung des Sieges nur durch ein operatives Manöver gesucht, durch einen großen Parallel=Marsch mit seinem Gegner.[2] Er betont, daß die Franzosen in der Gebirgs= gegend die sie zu durchziehen hatten, ja doch „durch Aufopferung einiger Truppen in den Defileen die Österreicher lange genug auf= halten hätten können, um mit dem Gros zu entkommen;" daß doch „eine Schlacht nicht zu erzwingen, der Feind bloß zu beunruhigen, sein Verlust nur im Detail zu vergrößern gewesen wäre". Aber es kann kaum ein Zweifel sein, daß bei dem innern Zustand der fran= zösischen Armee nichts als die fast vollkommene Ruhe in der Jourdan seinen Marsch an die Lahn ausführen konnte, es ihm ermöglicht hat, dort noch einigermaßen gefechtsmäßig anzukommen.[3] Eine kräftige

<hr>

[1] Geschichte des Revolutions=Kriegs.

[2] Angeli drückt dies so aus: der Erzherzog „war weit entfernt, sich mit der bloß taktischen Ausnützung des errungenen Sieges zu begnügen u. s. w." Es hat aber eine taktische so gut wie nicht stattgefunden.

[3] Der Erzherzog hat wohl 1813, als er die Geschichte des Feldzugs schrieb, vielleicht aber nicht 1796 bei Würzburg gewußt, aus welcher verzweifelten Lage Jourdan am 25. August bei Velden entkam, weil er ungestört geblieben war; und selbst beim Marsch der Franzosen durch die unvergleichlich wegsamere Senke zwischen Spessart, Rhön und Vogelsberg ist es vorgekommen, am 7. September, daß die Armee der Wege und Witterung halber ihr Tagesziel nicht hat erreichen können.

unmittelbare Verfolgung mußte jein Heer noch viel ficherer als im
fränfischen Jura mit Auflöjung bedrohen, und wie Unterlaffungen bei
Amberg die Schlacht bei Würzburg notwendig machten, jo hat der
dort nur halb gepflückte, gar nicht verfolgte Sieg den Erzherzog vor
der Lahn einem numerisch·jehr gewachjenen Feind, und einer neuen
Kriegsarbeit gegenüber geführt, die er jelbjt gar nicht als eine leichte
empfunden hat.

Die erste Maßregel, welche der Erzherzog nach der Schlacht
traf, war auf den Abmarjch der Armee nach der Flanke bezüglich:
noch in der Nacht vom 3. zum 4. ist bei Zell, dicht abwärts Würz=
burg, eine Schiffbrücke zur unmittelbaren Ueberleitung auf die Straße
nach Lengfurt geschlagen worden. Ueber diese Brücke und durch
Würzburg ging am 4. die Armee auf das linke Main=Ufer, mit der
Avantgarde indessen nur bis Waldbüttelbrunn; der Erzherzog kam
Nachmittags nach Würzburg, besuchte die Citadelle, nahm aber Quar=
tier in Zell.[1] Am jelben Tag jandte er 11 Esf. unter Oberst Meer=
veld ab, um die Mannheimer Garnison von dort wegzuholen und ihr
die nötige Kavallerie zuzuführen.[2] Gleichfalls am 4. wurde Elsnitz,
der am 3. am nördlichen Main=Ufer aufwärts Schweinfurt Lefebvre
gegenüber geblieben war, und Liechtenstein vom Schlachtfeld aus in
Marsch gejetzt um der abziehenden französischen Armee nördlich des
Main zu folgen. Elsnitz wurde (vermutlich aus der Abteilung Staader)
auf 7 Bataill., 21 Esf. ergänzt und nahm die Marschrichtung Schwein=
furt—Kissingen; Liechtenstein kam von 3 Bataillonen auf 5, und er=
hielt zunächst die Marschrichtung Gemünden—Frammersbach, d. h. im
allgemeinen nach der rechten Flanke des Feindes.[3] Aber beide Gene=
rale blieben mit ihrer Infanterie dauernd in großem Abstand, jeweils
ungefähr einen Tagmarsch vom Feind; am 6. hatten sie — wenig=
stens sicher Liechtenstein — Rasttag zu halten; und so ist Jourdan's
Armee hier in seinem Rücken, wie in den folgenden Tagen von

---

[1] Jemm=Tagebuch.

[2] Meerveld hatte die Strecke, etwa 130 km, in 4 Tagen zurückzulegen.

[3] Der Erzherzog und Angeli belassen es für ihn bei den seitherigen 16
Esfadrons; aber das Tagebuch beziffert 18 und zählt namentlich jogar 19 auf.
Angeli gibt eine Ordre de bataille der Armee vom 8. September.

Aschaffenburg aus auch in seiner rechten Flanke nur in schwacher Fühlung von österreichischen Husaren und Chevauxlegers begleitet worden.

Der Erzherzog sagt zwar von Elsnitz und Liechtenstein „beide be= standen tägliche Gefechte mit den feindlichen Arrieregarden"; allein diese Gefechte sind als solche nicht nachweisbar, finden sich bei Jour= dan nur als „Verjagen von gegnerischen (österreichischen) Patrouillen", und Liechtenstein erzählt „der feindliche Rückzug geschah so rasch, daß nur eine vorgeschobene Kavallerie=Abteilung . . . . zuweilen den Feind erreichte".

Wie wenig Bedeutung der Erzherzog den Bewegungen und Leistungen dieser beiden Corps beimaß, geht wohl auch daraus hervor, daß er (ebenso Angeli) sie auf ihrem Weg hinter dem Feind her gar nicht weiter verfolgt, weshalb wir auch für Elsnitz vom 5. ab weder Weg noch Tagesetappen kennen.

Und doch war dieser Marsch für die Franzosen eine sehr üble Zeit. Der Sieg der Österreicher bei Würzburg hatte die Rachgier der fränkischen Bevölkerung zu hellen Flammen emporlodern lassen. Wie die Bauern in der Umgebung des Schlachtfelds in den Tagen nach der Schlacht die Verwundeten und Ausreißer der Franzosen aus ihren Schlupfwinkeln mitleidlos nach Würzburg lieferten, so stand die Bevölkerung im Spessart und später im Odenwald in geschlossenen Haufen auf, um für die Brutalitäten, welche sie so lange erduldet hatte, blutige Vergeltung zu üben. Und der Auflösungsprozeß der Armee Jourdan's, in der das kriegerische Mißgeschick die Zügellosig= keit fortwährend steigerte, lieferte ihr in Marodeuren und Erschöpften Opfer genug. Viele Hunderte Franzosen sind im Spessart erschlagen worden. Ein gewisser Witt, ein Forstmann und Bayer von Geburt, wird als Seele der Erhebung in diesem Waldgebiet bezeichnet, das die Franzosen schon die „kleine Vendée" nannten.[1] Noch mehr sind als Flüchtige und Ausreißer der Armee voraus an die Lahn und den Rhein gelangt, und haben so die Kunde von dem elenden Zu= stand des Heeres nach Paris verbreitet, welche das Direktorium dann zur Abberufung Jourdan's veranlaßt hat.

Der Erzherzog aber ließ nach eigener Erzählung durch seine Kavallerie allenthalben „das Landvolk zur Bewaffnung ermuntern".

---

[1] Vergl. Schneidawind; daselbst auch weiterer Quellen-Nachweis.

Ob er zu dieser zweischneidigen Maßregel auch gegriffen haben würde,
hätte er statt im Gebiet verbündeter bezw. neutraler Reichsfürsten in
kaiserlichen Landen gefochten? Jourdan hat zwischen Würzburg und
der Lahn weit mehr Einbuße jeglicher Art durch die Bevölkerung als
durch die gegnerische Armee erfahren; als das Mißlichste schildert er
das gänzliche Stocken des Verkehrswesens; fast kein Kourir zwischen
der Armee und dem Rhein kam an seine Bestimmung. Und Marceau
war schon gleich nach der Schlacht veranlaßt, eine Abteilung von 3
Bataillonen, 2 Eskadrons vom Rhein in den Speffart zu senden, um
ihn „von Bauern und Ausreißern" zu säubern; wir werden sie am
6. September noch begegnen. Als dann Jourdan die Lahn glücklich
erreicht hatte, mußte er sich selber gestehen, daß auf die mitgebrachten
Trümmer seines Heeres kein Verlaß mehr sei; Marceau's Truppen
mußten der Armee neuen Halt geben. Was wäre wohl aus den
Franzosen nach dem Tag von Würzburg geworden, wenn der Erz=
herzog sie hätte verfolgen lassen?

Am 4. September brach die französische Armee zu sehr früher
Stunde von Arnstein auf und ging nach Hammelburg; Lefebvre er=
reichte von Schweinfurt her Kissingen, und hat von da ab die Arrier=
garde gebildet. Die Trains waren voraus instradiert über Nidda
und Butzbach nach Wetzlar. Liechtenstein kam am 4. nur bis an
die Wern.

5. September Jourdan Brückenau, Lefebvre Ober=Leichtersbach;
Liechtenstein Hammelburg.

6. Schlüchtern, Lefebvre bleibt am linken Kinzig=Ufer; Liechten=
stein rastet in Hammelburg.

7. Gegend von Büdingen und Ortenberg; Liechtenstein gelangt
an die Kinzig.

8. Butzbach und Friedberg. Am gleichen Tag hebt Marceau
die Blokade von Mainz auf. Elsnitz erreicht die Kinzig bei Steinau
und Schlüchtern, sein Vortrab Birstein; Liechtenstein zieht sich Kinzig=
aufwärts bis Meerholz, und legt eine Avantgarde nach Büdingen;
beide stellen hier ihre Bewegung hinter dem Feind her auf Weisung
des Erzherzogs ein. Am 9. führte Jourdan seine Divisionen in die
ersehnte Aufstellung hinter der Lahn. Von Arnstein bis Wetzlar sind
auf der angeführten Linie etwa 150 km Wegs; die Armee hat diese

Strecke ohne Ruhepause seit 8 Tagen (darunter 2 Gefechtstage) in 6 Marschtagen zurückgelegt. Wie übel sie angekommen sein mochte, Tags darauf sah sich Jourdan durch die herangelangten Blokade-Corps u. s. w. auf etwa 58000 Streiter gebracht, d. h. über zweimal soviel als er bei Würzburg ins Gefecht gestellt hatte.[1]

Die österreichische Armee brach erst am 5., am zweiten Tag nach der Schlacht, von Zell und Würzburg auf, und zwar marschierte die Infanterie unter Sztarray in zwei Staffeln auf der Straße über Lengfurt und Rohrbrunn nach Aschaffenburg, das Gros der Kavallerie unter F.-M.-L. Graf Colloredo ebendahin über Tauberbischofsheim und Miltenberg, also auf der vom Feind abgewendeten Seite, und an der Tauber fast zwei Tagmärsche von der Infanterie-Kolonne entfernt. Der letzteren Avantgarde traf am 6. bei Bessenbach auf die oben erwähnte Abteilung Marceau's, und warf sie mit großem Verlust und unter thätiger Mitwirkung der Bevölkerung durch Aschaffenburg zurück.[2] Am 7. kam die erste Staffel des Gros in die Stadt, die Avantgarde hielt auf der Straße nach Hanau an der Kahl, trieb Vorposten bis Offenbach und Bergen. Am 8. endlich vereinigte sich das Gros der Armee bei Aschaffenburg; es hat sich in 4 Tagen um 70 km vorbewegt; der Erzherzog ließ an diesem Tage die Avantgarde in der Gegend von Hanau, die Abteilungen Elsnitz und Liechtenstein an der Kinzig Halt machen, ferner Frankfurt besetzen, das die Franzosen frühmorgens geräumt hatten. Die Richtung auf Butzbach und Wetzlar, welche der Feind genommen hatte, forderte neue Entschlüsse; am 9. traf der Erzherzog die einleitenden Bewegungen zu jenen Operationen im Lahn- und Sieg-Gebiet, welche vor seiner Rückkehr nach dem Ober-Rhein und gegen Moreau einen eigenen Abschnitt des Feldzugs für sich bilden, und von den bisher behandelten nicht nur durch den Kriegsschauplatz, sondern auch durch innere Momente deutlich geschieden sind. Die Nachwirkung der Würzburger Schlacht war hier, für die Österreicher an der Kinzig, für die Franzosen hinter der Lahn verklungen; damit hat auch die gegenwärtige Darstellung die Grenze, welche sie sich gesteckt hat, erreicht.

---

[1] Stärkeangabe nach Chuquet; sie scheint allerdings etwas hoch.

[2] Für die Franzosen in Aschaffenburg und Frankfurt, dann das Gefecht am 6. Sept. vergl. Schilderung und Quellennachweis bei Schneidawind.

IX.
Schluß-Betrachtung.

Die vorhergehenden Schilderungen umfassen nur eine 14 tägige Kriegshandlung, und doch haben alle wesentlichen Besonderheiten der damaligen österreichischen Kriegführung sich entfalten können. Das Hervorstechendste dabei war ohne Zweifel eine gewisse Bevorzugung des Manövers zu Ungunsten des Schlagens, eine ziemlich weitgehende Betonung des geometrischen Elements. Wenn alles andere, was uns bemerkenswert erschien, eben den der Zeit entsprechenden Entwicklungs=zustand des österreichischen Heerwesens bezeichnet, so war dies hin=gegen das innerlichste geistige Eigentum des Feldherrn, es war die Eigenart des Erzherzogs.

Stets werden uns die Ereignisse des Jahres 1796 zunächst in der Gewandung und Färbung erscheinen, in welcher sie sich dem Erzherzog 17 Jahre später bei der Schaffung seines Werkes über den Feldzug darstellten. Es wäre nun von vornherein keineswegs zu er=warten, daß diese 17 Jahre mit den erschütterndsten Vorgängen auf politischem und militärischem Gebiet nicht auch die Denkungsart des Erzherzogs über kriegerische Dinge einigermaßen sollten umgewandelt haben. Auch die hier gegebene Darstellung der Ereignisse war mit=unter versucht zu unterscheiden zwischen dem Erzherzog als Generalis=simus von 1796 und als Autor von 1813. Im Großen und Ganzen geht aber aus der Vergleichung dessen was geschrieben ist mit dem was wirklich geschah, unzweideutig hervor, daß sich der Erzherzog von 1796 in der praktischen Bethätigung seiner Auffassung vom Krieg deckt mit dem Geschichtschreiber von 1813 in seiner wissenschaftlichen Denkungsweise. Dies ist eine sehr merkwürdige Thatsache. Im all=gemeinen hat der 25jährige Erzherzog gehandelt, d. h. über gewisse fundamentale Dinge vom Krieg ebenso gedacht, wie er gedacht hat 1813 als gereifter vielerfahrener Feldherr und später solang er die Feder führte. Mit welcher Denkart immer er 1796 zum erstenmale an die Spitze einer Armee getreten wäre, sie hätte als ein Produkt dessen, was er bis dahin gelernt, erfahren und gedacht hatte, nimmer=mehr überraschen können; aber auffallend ist es, daß diese Denkart durch die gewaltige Erscheinung Napoleon's mit einer doch in manchem ganz anderen Art den Krieg zu führen, in ihren Grundzügen kaum erkennbar geändert worden ist; daß die zerschmetternden Schläge des großen Korsen, die von 1796 bis 1809 insgesamt von der allbeherr= schenden Gewalt der Schlacht lautes Zeugnis ablegten, ja daß die gründlich geänderte Natur des Krieges selbst, gerade des Erz= herzogs Auffassung von der Bedeutung des Schlagens und des geometrischen Elementes im Krieg im Wesentlichen unangetastet ließen. Und bei der Fruchtbarkeit des Erzherzogs als Autor, bei der her= vorragenden Stellung, die er als Kriegs=Philosoph und als Erzieher der österreichischen Armee gewann, lohnt sich darüber wohl noch ein weiterer Ausblick. Er wird überdies die geschilderte Kriegs=Periode erst zum vollen Verständnis bringen.

Zunächst müssen wir fragen, mit welcher militärischen Denk= ungsweise etwa der Erzherzog 1796 das Kommando der Armee über= nahm. Als ein Kind des 18. Jahrhunderts ist der Erzherzog auf= gewachsen in einer wissenschaftlichen Atmosphäre, die vom Krieg wenig gelten ließ, was sich nicht in mathematische Formen und Formeln kleiden mochte. Es heißt aber, Macchiavel und Friedrich II. seien seine Lieblingsschriftsteller gewesen. Dann war ihm ohne Zweifel Lloyd's „Abhandlung über die allgemeinen Grundsätze der Kriegs= kunst 1783" bekannt. Die übrigen Schriften, in denen seit der Wende zum 19. Jahrhundert die modernen Begriffsbestimmungen der Kriegführung sich zu entwickeln begannen, fallen erst später; Beerenhorst 1797—99, Bülow 1799, Jomini von 1804 ab.

Lloyd hat zuerst den Begriff der Operationslinie klar und be= stimmt aufgestellt; nicht in gleicher Weise den der Basis, welcher Bülow zugehört. Aber Lloyd kennt wie sein Jahrhundert als Zweck des Kriegs, aller Operationen nur die Eroberung eines gewissen Gebietsteils; es dürfte nicht Wunder nehmen, wenn selbst ein Geist wie der Erzherzog sich nur allmählich und mit staunendem Wider= streben hätte überzeugen können, daß es wieder ein Ringen mit der gesamten Volkskraft um die Existenz des Staates geben könne, und daß dies der Krieg der neu anbrechenden Zeit sei. So ist denn für Lloyd die Ortsverdrängung des Feindes der zulängliche, erschöpfende Zweck des krie= gerischen Handelns. Hiezu galt ihm als ziemlich gleichwertiges Mittel die Schlacht oder das Manöver, d. h. die Bedrohung und Wegnahme

der feindlichen Operationslinie, oder aber die Bedrohung und Weg=
nahme der gegnerischen Magazine und Lebensmittel=Convois. Man
darf dabei nicht übersehen, daß bei dem Verpflegsystem und den kul=
turellen Beziehungen des Kriegs vor der Revolution eine Armee, der
man die regelmäßige Zufuhr von Brot und Mehl abschnitt, nicht
leben konnte; und so ist denn allerdings jede Armee, die nicht wie
die französische 1793 ein anderes System annahm, — und das war
die österreichische 1796 so gut wie die preußische noch 1806 — in
ihren Operationslinien, gegen die Bedrohung derselben ungemein
empfindlich geblieben.

Lloyd's Lehren mögen das Vorgeschrittenste gewesen sein, was
sich dem Erzherzog an theoretischem Wissen, an systematischer Be=
trachtung des Kriegs als Ereignis im Völkerleben von außen her
dargeboten hatte. Er hat dann die Feldzüge 1792—95 mitgemacht
und die praktische Einsicht, die er dort gewann, der Hauptsache nach
niedergelegt in einer damals nicht für die Öffentlichkeit bestimmten
kleinen Abhandlung vom Herbst 1795 „Über den Krieg mit den
Neu=Franken." Diese Abhandlung hat für unseren gegenwärtigen
Zweck wegen der Zeit ihrer Entstehung besonderen Wert; sie zeigt,
wie richtig der junge Erzherzog die Mängel der österreichischen Kriegs=
führung während der vorhergehenden Jahre erkannt hatte. Mit Nach=
druck wendet er sich gegen das beliebte Kordon=System, gegen alle
Zersplitterung der Kraft und empfiehlt deren Vereinigung. Die Vor=
züge der Initiative hat er klar erkannt: Thätigkeit, Entschlossenheit,
Unermüdlichkeit, zumal nach einem Sieg, sind ihm die Bürgen des
Erfolgs. Zum Schlusse hat er seiner intimen Aufzeichnung noch
anvertraut, wie er über die Mehrzahl der Generale denken gelernt
hatte; in ihrem Egoismus und gänzlichem Mangel an Initiative,
in ihrer großen Scheu vor jeglicher Verantwortung erblickt er eben=
soviele Quellen des Unheils. [1]

Über die Bedeutung der Schlacht und des geometrischen Ele=
ments im Krieg ist in der Abhandlung nicht gesprochen; sie enthält
keinerlei strategische Erörterungen. Alles was der Erzherzog in ihr

---

[1] Es kann dem Leser nicht entgangen sein, daß von all dem etwas auch
aus der Geschichte des Feldzugs 1796 hervorlugt.

Angeli gibt in der Einleitung zu seinem Werk gleichfalls einige bedeut=
same Streiflichter für die österreichische Generalität jener Zeit.

von Vereinthalten der Kräfte, von Initiative u. s. w. sagt, läßt sich ebensogut auf Operationen, d. h. auf die Bewegung der Heeresmassen, wie auf deren Gefechtsthätigkeit beziehen. Wir haben keinen anderen dokumentarischen Nachweis wie der Erzherzog damals von dem gegen= seitigen Verhältnis beider Arten kriegerischen Handelns dachte, als eine kurze Bemerkung in den von Angeli mitgeteilten „Observations= punkten für die Herren Generale", welche er bei Beginn des Feld= zuges 1796 erließ. Sie lautet: „Durch Manövrieren kann oft ebensoviel als durch eine Schlacht erreicht werden." Nur das darf nicht unerwähnt bleiben, daß der Erzherzog in seinem Gutachten vom 15. Februar 1796 über den Operationsplan des Jahres eine offensive Kriegführung wärmstens empfahl. (Angeli.)

So trat er an die Spitze eines großen Heeres; einen „schüchter= nen Neuling" nennt er sich selbst. Der Feldzug 1796 aber bedeu= tete ihm später „einen neuen Aufschwung der (Kriegs=)Kunst." „Zwei junge Feldherrn erschienen . . . . und mit ihrer Erscheinung stieg die Kunst auf eine der gleichzeitigen Kultur angemessene Stufe. . . . . Dem Erzherzog blieb der Sieg (gegen Jourdan), weil er . . . in den entscheidenden Momenten nach umfassenderen Ansichten (über die Vereinig= ung der Kräfte) konsequenter, entschlossener, rascher handelte als sein Gegner. Aber in der Ausführung verfiel er nur allzuoft wieder in die angewohnten Fehler, unter denen er . . . herangewachsen war." [1]

Daß er thatsächlich dem Manöver einen gewissen Vorzug gab vor dem Gefecht, wird man nicht in Abrede stellen wollen. Die Aus= dehnung der vorstehenden Betrachtungen über den ganzen Feldzug würde nur das Gleiche wiederholt zeigen.

Wie der Erzherzog aber nachmals in der Bevorzugung des geometrischen Elements im Kriege den gleichen Grundansichten treu blieb, wie diese also schon in dem jugendlichen Feldherrn von 1796 die für sein ganzes Leben festgelegte Eigenart strategischen Denkens darbieten, das möge die folgende Auslese seiner Schriften von 1813 an über einen Zeitraum von 25 Jahren hin zeigen. [2]

---

[1] Geschichte des Revolutions=Kriegs, Eingang zum Feldzug 1796. „Nicht so Bonaparte . . . .," fährt die anziehende Schilderung weiter.

[2] Der Verfasser fühlt nichts lebhafter, als daß der Erzherzog über jede Kritik hoch erhaben ist; er verfolgt keinen andern Zweck, als den einer wissen= schaftlichen Betrachtung; auch weiß er sehr wohl, wie verantwortungsvoll es ist,

„Die Strategie bestimmt die entscheidenden Punkte, deren Besitz zu einem vorhabenden Zweck notwendig ist. Ein Punkt wird strate= gisch genannt, wenn sein Besitz einen für die Operationen entschei= denden Vorteil gewährt. (Grundsätze der Strategie 1813 I. Hauptstück.) Der Besitz strategischer Punkte entscheidet im Krieg. (Ebenda II. Hauptstück.) Auf jedem Kriegsschauplatz muß sich immer ein Punkt auszeichnen, dessen Besitz vor allen andern zum ausgiebig= sten Resultat führt; . . . man nennt ihn den entscheidenden Punkt. (Geist des Kriegswesens überhaupt; zwischen 1823 und 1826.) In jedem Staat gibt es strategische Punkte, die für das Schicksal des= selben entscheidend sind. Muß man diese Punkte erst erreichen, (d. h. liegen sie nicht schon in der eigenen Basis, so daß ihr Besitz zu ver= teidigen ist) dann werden sie Operationsobjekte. Jede Operation hat die Erreichung eines Operationsobjekts zum Zweck. Sobald eine Armee von ihrer Basis ausgeht, um solche Operationsobjekte zu gewinnen, ergreift sie die Offensive.

Das Wesen der Strategie besteht darin, daß jede Aufstellung und Bewegung volle Sicherheit gewährt für Operationsbasis und Operationslinien. (Grundsätze, I. Hauptstück.) An Flankenstellungen knüpft sich (daher) beinahe immer die größte Gefahr. (Geist des Kriegswesens)."

Im gleichen Gedankengang erscheint dem Erzherzog Napoleon in erster Linie nicht deshalb wiederholt siegreich in Deutschland, weil er allenthalben seine Gegner schlug, sondern weil er stets senkrecht zu seiner Basis operierte; geriet Preußen 1806 an den Rand des Unter= gangs nicht so sehr durch seine Niederlagen, als weil es den Feind in einer Flankenstellung erwartet hatte. (Geist des Kriegswesens und: das Kriegswesen infolge der französischen Revolutionskriege 1830.)

Die Grundsätze der Strategie bringen im I. Hauptstück die fundamentalsten Gesichtspunkte für die große Kriegführung; zwei Abschnitte allgemeiner Begriffsbestimmungen und Erläuterungen über

---

einen Autor nach losgelösten Citaten zu charakterisieren. Diejenigen seiner Leser, welche des Erzherzogs Schriften kennen, werden aber finden, daß er ehrlich zu Werke gegangen ist, und jene, welche sie nicht kennen, bittet er, ihm dies zu glauben.

Strategie und Taktik[1]), einem mit rein geometrischen Erörterungen an der Hand schematischer Zeichnungen, und fünfe über strategische Punkte, Linien, die Basis, und die Operationen, endlich über defensive Aufstellungen. Das II. Hauptstück gibt dann die Anwendung der Grundsätze auf einen angenommenen Kriegsschauplatz, auf das deutsche Land (einschlüssig Böhmen und Österreich) zwischen Alpen und Main. Da ist nun „Regensburg . . . durch seine Lage der stärkste Punkt auf dem ganzen Kriegstheater; seine Behauptung ist unabhängig von allen anderen, und doch entscheidend für das Ganze.[2])“ Der sechste Abschnitt macht dann den Versuch, bei vorausgesetzter Gleichheit in der beiderseitigen Stärke und den Fähigkeiten beider Feldherren „aus der Natur des Terrains allein die Vorzüge und Überlegenheit des einen Teils über den andern zu entwickeln.“ Dabei sind aber die nächstliegenden Operationsobjekte nicht die beiderseitigen Armeen, sondern für beide Parteien die Donau Übergänge, Ulm, Donauwörth, Regensburg. Und „was (dabei) kein Manöver erzielen kann, muß eine Schlacht entscheiden.“[3])

---

[1]) Der Erzherzog definiert: Strategie ist Kriegswissenschaft, Entwerfen kriegerischer Unternehmungen; Taktik aber Kriegskunst, Ausführung der Entwürfe durch Marsch und Gefecht.

[2]) Die Begründung wird aus der Richtung der Gewässer, dem Zug der Gebirge, Thäler, Straßen gewonnen. Es leitet dies über zu einer andren Eigenart des Erzherzogs als Kriegs-Philosoph, die sich insbesondere beim Feldzug 1799 offenbart, zu einer hohen Wertschätzung abstrakter militär-geographischer Beziehungen. In ihrer letzten Konsequenz führte diese Richtung zu dem in dieser Form nicht wohl dem Erzherzog unterzuschiebenden Satze: „das Gebirg beherrscht die Ebene“; und das wollte besagen, daß eine Armee, welche das Gebirge besitzt, caeteris paribus im Vorteil ist gegen die sie draußen im Flachland erwartende feindliche; daß im Gebirg der Besitz der Paßhöhen, der Wasserscheiden entscheidend ist über den der Thäler. So ist dann schließlich der St. Gotthard zum strategischen nucleus für Frankreich, Italien und Deutschland geworden. Man braucht nur an das Plateau von Langres, an die monts faucilles zu erinnern, um sich zu überzeugen, daß solche Theorien auch heute noch nicht ausgestorben sind.

[3]) Es mag hier noch bemerkt sein, daß der Erzherzog bei seinen strategischen Untersuchungen über den im II. Hauptstück angenommenen Kriegsschauplatz für die Bewegungen großer Heereskörper und auf Zeiträume bis zu 3 Wochen die Durchschnitts-Tagesleistung mit 3 Meilen annimmt; ein Maßstab, der uns als unerschwinglich gilt, und der sehr absticht von jenem, nach welchem die Österreicher 1796 sich bewegten.

Dies leitet über zu dem Gedankenkreise des Erzherzogs über das Gefecht. Clausewitz sagt von ihm, daß „die Vernichtung der feindlichen Streitkraft . . . in seiner Vorstellungsreihe als ein eigen= tümlicher Gegenstand gar nicht existiert." Die Grundsätze der Stra= tegie enthalten auch keinen Abschnitt, keine zusammenhängende Erörterung über das Gefecht oder die Schlacht. Sie sind freilich auf etwa 1½ Druckbogen zusammen gedrängt, aber dieser Mangel müßte selbst in einem noch weniger umfangreichen Katechismus der Strategie durchaus bezeichnend bleiben für die wissenschaftliche Eigen= art des Autors. Von der feindlichen Streitkraft, von ihrer Aufsuchung und Vernichtung als von einem wesentlichen Gesichtspunkt der Kriegs= führung ist in all seinen Schriften in der That unmittelbar nur höchst spärlich, ja verschwindend wenig die Rede. Wo die feindliche Streitkraft in seinen strategischen Erörterungen erscheint, da geschieht es nur mittelbar, indem sie in stillschweigender Voraussetzung als möglicherweise an jene Linien und Punkte gebunden gilt, in deren Gewinnung zunächst alles Streben, aller Erfolg gesucht wird. Wie der Erzherzog aber über die Schlacht dachte, dies ist uns aus einer großen Zahl zerstreuter Äußerungen, welche sich an die bisher wieder= gegebenen anschließen, genau genug bekannt.

„Im Offensivkrieg . . . muß der Feldzug mit der ganzen Macht auf dem entscheidenden Punkt eröffnet werden. . . . Dies ist jener Punkt, der uns am kürzesten . . . in das Innere des Landes führt, ohne daß wir Gefahr für unsere Kommunikationen laufen. Nichts muß einen General vermögen von diesem Grundsatz abzuweichen. Sein erstes Bestreben muß dahin zielen, den Feldzug durch eine entscheidende Schlacht zu eröffnen, und den Feind zu zwingen, sie anzunehmen; bis dahin muß er jeden seiner Schritte sehr abmessen und nur mit äußerster Vorsicht vorgehen; ist sie aber gewonnen, dann muß er rasch . . . vordringen, um den Sieg zu benützen." (Grund= sätze der höheren Kriegskunst 1806).

„Wo offenbare Überlegenheit zu der Offensive berechtigt, kann die Operation keine günstigere Richtung einschlagen, als von der Basis gerade zum Objekt (d. h. zu einem geographischen Operations= Objekt), um sich dessen mit offener Gewalt zu bemächtigen, weil man dadurch den doppelten Vorteil des Zeitgewinns und der Zertrüm=

merung der feindlichen Verteidigungskraft erwirkt; wo aber die Über=
legenheit nicht so groß ist, daß man sicher auf einen solchen Erfolg
rechnen kann, da muß der Zweck durch Manöver erreicht werden."
(Grundsätze der Strategie 1813 I. Hauptstück.)

„Es gibt zweierlei Mittel, den Feind zum Verlassen einer
Stellung zu zwingen; entweder ihn anzugreifen und hinauszuwerfen,
welches sicher bei entscheidender Überlegenheit an Truppenzahl und
Güte das vorzüglichste ist, oder ihn hinauszumanövrieren." (Grund=
sätze der höheren Kriegskunst.)

„Im allgemeinen ist die Verwendung (sehr bedeutend) über=
legener Kraft, um den Gegner zu einer nachteiligen Schlacht zu
nötigen, immer vorteilhafter (als mit einem Teil der Kraft den
Feind zu beschäftigen, mit dem andern in seinem Rücken einem geo=
graphischen Operationsobjekt zuzustreben); denn der Sieg erfüllt den
nämlichen Zweck sicherer und verspricht weit größere Folgen. — Nur
dann, wenn das letzte für die Existenz des Staats entscheidende
Objekt im Begriff ist, in die Hand des Feindes zu fallen, und kein
andres Rettungsmittel übrig bleibt, darf der Feldherr die Schlacht
auch mit geringeren Kräften wagen. . . . Es ist der Kampf der
Verzweiflung, dessen Mißlingen man nicht überlebt); es ist dann gleich=
gültig wie man endet, gleichgültig wie (durch welche Verletzung aller
Regeln immer) man siegt". (Grundsätze der Strategie II. Hauptstück.)

„Zur Schlacht als einem Resultat der Operationen soll man
nur dann schreiten, wenn man entweder durch Verkettung der Kriegs=
ereignisse dazu gezwungen wird, oder wenn alle Berechnungen die
Wahrscheinlichkeit des Siegs verbürgen". (Geschichte des Feldzugs
1796.)

„Jener Feldherr, welcher der fortgesetzten Benützung eines stra=
tegischen Vorteils (d. h. dem Manöver) so lang er es ohne Gefahr
vermag, Schlachten und Gefechte vorzieht, vertauscht den sicheren,
kurzen, leichten, umfassenden Weg mit einem ungewissen, beschwerlichen,
und weniger erfolgreichen".

„Um des Feindes Aufmerksamkeit zu fesseln, ihn festzuhalten
und zu beschäftigen, gibt es mehrere andre Mittel, als das gefährliche
und ungewisse einer Schlacht, nach welcher man nur bei der größten
Wahrscheinlichkeit des Erfolgs freiwillig greifen soll".

„Kein Verhältniß berechtigt den Feldherrn, sich anders als mit
gesamter, ihm zu Gebot stehender Kraft vereint in die Schlacht zu
wagen". (Geschichte des 1. Revolutions=Kriegs; nach 1830)[1])
„Wozu werden mehr militairische Kenntnisse und Geistesgaben,
wozu ... mehr Kopf und Herz ... erfordert: zur Gewinnung von
Schlachten oder zum zweckmäßigen Entwerfen und Leiten von Ope=
rationen?" Die Antwort leitet in längerer Erörterung dahin, daß
zum letzteren Zweck die nötigen Eigenschaften seltener, die erforderlichen
Kenntnisse viel schwerer zu erlangen sind. „Was ... entscheidet
mehr (im Krieg): gewonnene Schlachten oder ... richtig kombinierte,
gut geleitete Operationen?" Hier teilt der Erzherzog die Schlachten
in solche, welche bloß die Zurückdrängung des Feinds aus einer
Stellung erzielen, und solche, welche seine Armee zu Grunde richten
oder für den Ausgang des Krieges entscheidende Punkte ihm abnehmen.
„Schlachten der zweiten Art entscheiden mehr als ... Operationen,
diese aber sind immer einer Schlacht der ersten Art vorzuziehen, ...
weil sie (die Operationen) einen dauerhaften, nicht (wie Schlachten
erster Art) einen nur augenblicklichen Vorteil gewähren". „Ein Ge=
neral soll daher nur dann eine Schlacht liefern, wenn er sich von ihr
entscheidende Resultate versprechen kann oder dazu gezwungen wird;
nie aber, wenn er durch Manöver auf eine viel sichere und weniger
gefährliche Art den nämlichen Zweck erreichen kann". (Aphorismen.)
„Gewöhnlich werden die Feldherrn, welche mit gleichen oder geringeren
Kräften einen Sieg erfochten .... für die verdienstvollsten gehalten;
denn der große Haufen schätzt das Verdienst nach dem Erfolg und
berechnet es nach der Schwierigkeit des Unternehmens; Kenner hin=
gegen würdigen das Talent des Heerführers, der durch vorsichtiges
Zusammenfügen kluger Maßregeln im Manöver wie zur Schlacht ein
Übergewicht an Kräften auf den entscheidenden Punkt zu fesseln weiß.
... Dieser geht sicher, der Andre braucht Glück". (Geschichte des
Feldzugs 1796.)

All dem ist kaum etwas beizufügen. Wie sehr vertieft das über
die Operationen und die Schlacht hier Wiedergegebene das Verständnis

---

[1]) Ebenda, auf Operationen im allgemeinen bezüglich und durch größeren
Druck als ein Fundamental=Grundsatz hervorgehoben: „Jeder Bestandteil der
Kraft, den man zu einer Unternehmung verwenden kann, und nicht verwendet,
ist reiner Verlust".

für die geschilderte Kriegsperiode von Neumarkt über Amberg bis Würzburg! Die Schlacht ist dem Erzherzog ein Äußerstes im Krieg, ein freilich in ihrer vollendetsten Gestalt höchst wirksames, aber stets sehr gefährliches Mittel zum Zweck, nur bei völlig gesichertem Erfolg anstrebenswert. Nicht aber ist sie ihm die normale Lösung der durch die Operation gezeitigten kriegerischen Spannung. Er schätzt sie auch nicht als die höchste kriegerische Leistung; die kluge Berechnung und vorsichtige Durchführung kunstvoller Bewegungen, die systematische Leitung der möglichst vereint gehaltenen Kraft ohne den Einsatz des Siegs oder der Niederlage nach Linien und Punkten, an welche sich vitale Interessen des Feindes ketten, stellt er höher. Die Operation steht ihm über dem Kampf, der Gedanke über der Gewalt; das von unsrer Auffassung des Kriegs im allgemeinen abgelehnte Gleichnis des königlichen Schachspiels ist für seine Denkweise bedeutungsvoller.

Wer möchte verkennen, daß in all seinen Ausführungen über strategische Punkte und Linien ein sehr gesunder, auch in den hier nur ganz flüchtig gestreiften militair-geographischen Theorien ein lebensfähiger Kern steckt; daß auch die Unterschätzung des geometri- schen Elements im Krieg von Übel ist, und zu einem rohen Natura- lismus führen muß, der zu Unrecht sich die Mühe gründlichen Nach- denkens erspart.

Aber wenn wir nun einen der modernsten Sinnsprüche heran- ziehen, die Devise „erst Wägen dann Wagen", dann empfinden wir so recht, wie wenig mit der Nachbetung von Schlagworten gethan ist, denen nur die Individualität des Feldherrn, nur die That, Leben einhauchen kann.

Der Erzherzog hat bewiesen, und nicht zuletzt bei Würzburg, daß er es sehr wohl verstanden hat, Schlachten zu schlagen; auch für ihn galt es zu wägen, zu wagen, und dessen war er sich vollkommen bewußt. Allein in seiner Feldherrnthätigkeit wie in seinen Schriften spricht sich das erstere doch viel eindrucksvoller aus als das zweite, und beide haben bei ihm nicht ganz den gleichen Sinn, welchen wir mit diesen Worten zu verbinden pflegen. Auch bei ihm aber bewundern wir den festen Willen, mit welchem er, unbeirrt durch so Vieles, dem kleinere Geister erlegen wären, das zum glücklichen Ende führte, was ihm als das Richtige erschien; und daher sollen jene Worte, welche Kaiser

Franz Anfang Oktober 1796 an den Erzherzog richtete, und mit welchen Angeli seine Schilderung der Operationen gegen Jourdan abschließt, auch hier nochmals eine Stätte finden:

„Wir zwei (Kaiser und Erzherzog) .... waren die Einzigen, die noch Courage hatten, da man uns als halsstörrige Leute schon zu traktieren anfing, die die Monarchie ruinieren wollten.“

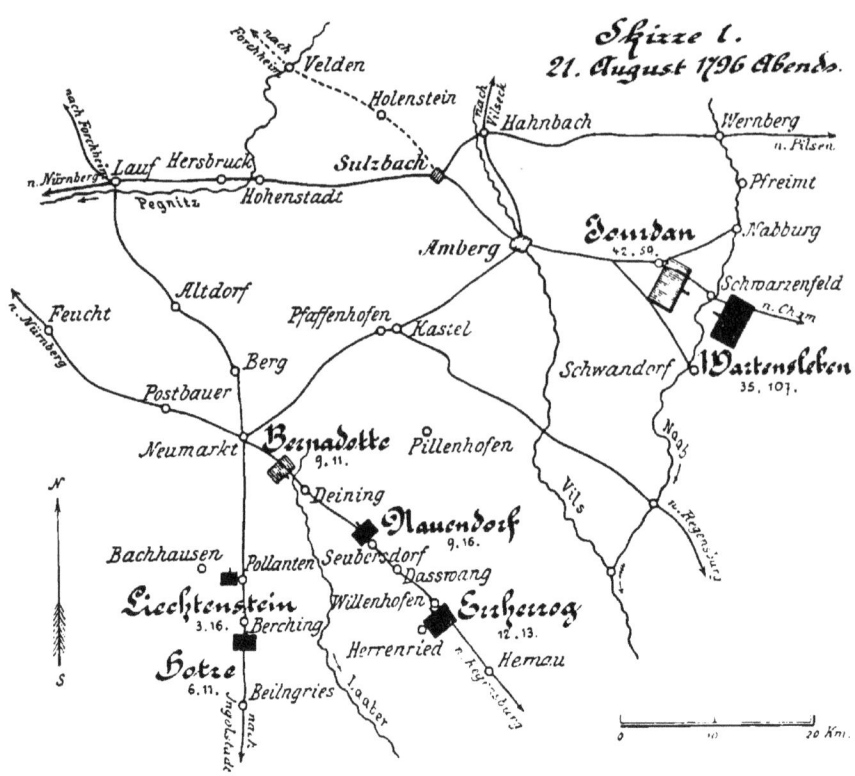

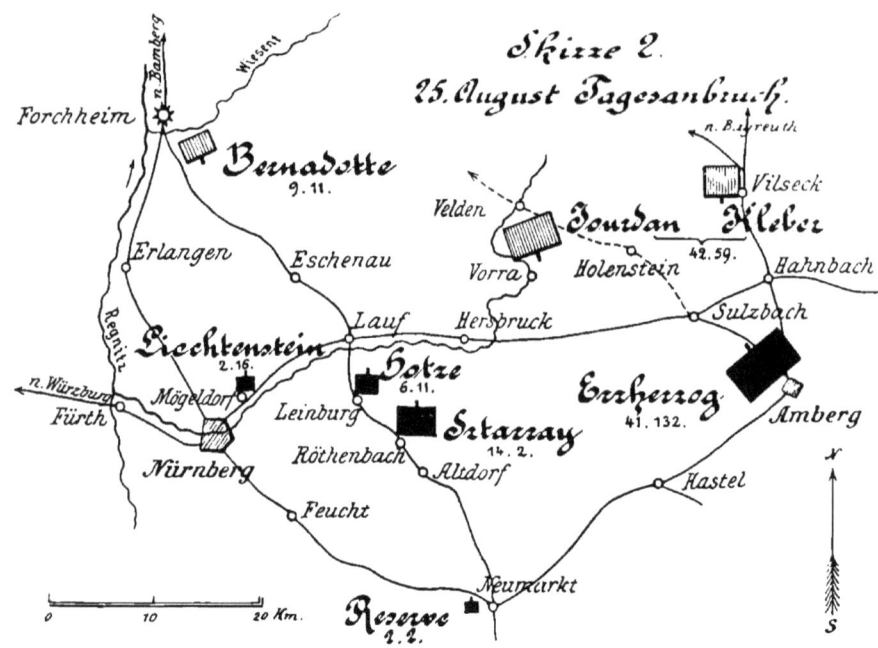

Skizze 2.
25. August Tagesanbruch.

Forchheim

Bernadotte
9.11.

Velden

Jourdan

Kleber

Vilseck

Erlangen

Eschenau

Vorra

Holenstein

42.59.

Hahnbach

Lauf

Hersbruck

Sulzbach

Liechtenstein
2.16.

Götze
6.11.

Erzherzog
41.132.

Amberg

n.Würzburg

Mögeldorf

Leinburg

Sitarray
14.2.

Fürth

Nürnberg

Röthenbach

Altdorf

Kastel

Feucht

Neumarkt

Reserve
2.2.

0   10   20 Km.

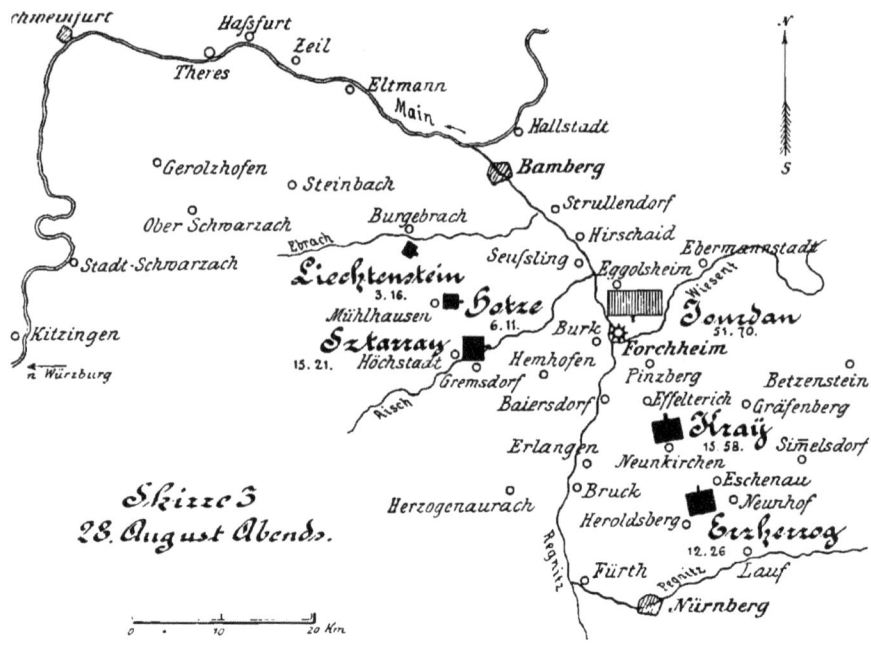

Skizze 3
28. August Abends.

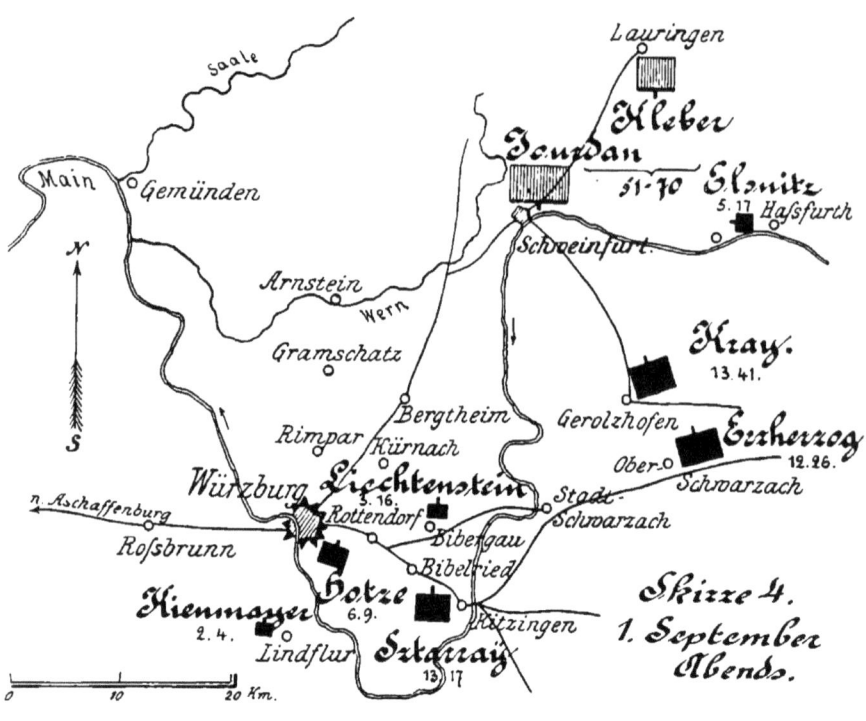

Lauringen

Kleber

Jourdan 51.70 **Elsnitz**

5.11 Haßfurth

Saale

Main

Gemünden

Schweinfurt

Kray. 13.41.

Arnstein

Wern

Gramschatz

Gerolzhofen **Erzherzog** 12.26.

Bergtheim

Rimpar Kürnach

Ober-Schwarzach

Würzburg **Liechtenstein** 5.16.

Rottendorf

Stadt-Schwarzach

n. Aschaffenburg

Roßbrunn

Bibergau

Hotze 6.9.

Bibelried

Kienmayer 2.4.

Kitzingen

Lindflur **Sztarray** 13.17.

N

S

0   10   20 Km.

Skizze 4.
1. September
Abends.